1 FR 25

NAPOLÉON 1ER

DANS SA VIE INTIME.

NAPOLÉON Ier

DANS SA VIE INTIME.

NAPOLÉON Ier

DANS SA VIE INTIME

PAR

M. LE VICOMTE DE MARICOURT.

PARIS

TOURNAI

LIBRAIRIE DE P. LETHIELLEUX,
RUE BONAPARTE, 66.

LIBRAIRIE DE H. CASTERMAN.
RUE AUX RATS, 11.

H. CASTERMAN
ÉDITEUR.
1862

NAPOLÉON IER

dans sa vie intime.

I. — ORIGINE. PREMIÈRES ANNÉES.

Tous les peuples sont poètes, par conséquent amis
du merveilleux. Ce qui parle à l'imagination les frappe
et les séduit plus que le simple exposé des faits réels.
Le berceau de tous les grands hommes est entouré de
ténèbres ou de circonstances surnaturelles, fictions
naïves ou ingénieuses, qui, circulant dans la foule et se
transmettant de père en fils, acquièrent la consistance de
la légende. Cependant mieux vaut encore la vérité.
Nous sommes trop près du tombeau de Napoléon pour
ne pas connaître exactement son berceau. Laissons donc
de côté le fantastique, et écoutons l'histoire. Napoléon
est un nom qui a été constamment porté dans la famille
Bonaparte par le second fils. Ce nom étrange (signifiant
Lion du désert) a donné lieu à mille commentaires ab-
surdes : il était ancien et fort répandu en Italie. Les
Bonaparte appartenaient à la vieille noblesse italienne ;
alliés aux Médicis, aux Lomellini, aux Ursins, ils ont
occupé à Bologne, à Florence, à Trévise, à San Miniato,
des charges importantes. Plusieurs Bonaparte se ren-

dirent célèbres par leurs productions littéraires : il y eut même un saint et un pape dans la famille ; leurs armoiries se voyaient sur plusieurs édifices de Florence : à Trévise et à Bologne, les députés du Sénat présentèrent à Napoléon *le livre d'or* où se trouvaient inscrits le nom et les armoiries de sa famille. Quoique son origine fût assez illustre pour satisfaire la vanité de plusieurs dynasties de hobereaux, champenois ou normands, nous pouvons dire qu'il attachait assez peu d'importance aux questions de naissance. Lorsque plus tard on lui parlait de la sienne, il répondait que sa noblesse datait de sa première victoire. O'Meara raconte qu'à Sainte-Hélène il se moquait volontiers des seigneurs de l'ancien régime entichés de leurs *âneries héréditaires*. Il est absurde de se croire supérieur aux autres, parce que l'on est né de parents qui vous lèguent un blason, de ne posséder pour tout langage scientifique que des noms, des dates, et quelques mots de la grammaire héraldique qui servent à déchiffrer votre écusson : mais il est tout simple de s'enorgueillir des belles actions de son père et d'en recueillir pieusement le souvenir comme un héritage sacré. Si des signes extérieurs, des dessins, des noms, fixent ce souvenir, il faut les accepter et se proposer comme exemples les traditions glorieuses qu'ils nous rappellent ; de là le vieil adage : Noblesse oblige ! C'est ainsi que se sont fondées les anciennes aristocraties militaires qui, dans leur temps, ont rendu tant de services au pays. Mais tout s'use dans ce monde, et parfois les descendants des anciens chevaliers passaient leur temps à peinturlurer des croix et des armoiries, au lieu de chercher à en conquérir : cependant, une aristocratie dans un pays est nécessaire, et résulte de la force même des choses. Napoléon en sentait si bien le besoin, qu'il en a créé une.

Les fils des maréchaux de l'empire transmettront à leurs enfants les titres de gloire de leurs pères ; mais si leurs descendants ne font rien pour s'illustrer, que leur unique mérite soit leur nom et leur blason, ils seront, dans cinq cents ans, aussi ridicules que les seigneurs si énergiquement stigmatisés par l'empereur. Ce hasard de la naissance, circonstance si futile dans la destinée d'un homme comme Napoléon, devait avoir les plus grandes conséquences : d'après les institutions de l'époque, il fallait être noble pour que le roi fît entrer un jeune homme dans la carrière des armes. Si Napoléon ne l'avait pas été, il serait sans doute demeuré pauvre, obscur, usant son immense génie dans quelque petite lutte ignorée sur son île natale !

Mais revenons à sa famille. A la suite des longues guerres des Guelfes et des Gibelins qui déchirèrent l'Italie, les Bonaparte durent s'exiler en Corse, où malgré de belles alliances ils vécurent pauvres et sans éclat. Charles de Bonaparte, père de l'empereur, beau jeune homme d'une haute stature, mais de complexion délicate, fut envoyé pendant sa jeunesse pour étudier à Rome : il alla ensuite apprendre les lois à Pise et devint magistrat dans son pays natal. L'éducation italienne était essentiellement religieuse : dans sa famille et sur les bancs universitaires, il puisa donc les principes solides d'une ferme conviction qui ne lui fit pas défaut à l'heure de la mort : nous aurons l'occasion d'y revenir. Mais les maximes révolutionnaires et le philosophisme étaient alors à l'ordre du jour. Charles Bonaparte, comme il l'avoue lui-même, paya son tribut à l'esprit du siècle : aux époques où les peuples réclament la liberté, il y a presque toujours un mouvement antireligieux : c'est une inconséquence générale et d'autant plus choquante que l'affranchissement date de Jésus-Christ, et que les théories soi-disant nouvelles qui bouleversent les sociétés ne sont que des imitations plus ou moins maladroites des principes de l'Evangile. Mais si ces idées firent quelque impression sur l'ame de Charles Bonaparte [1], elles ne la corrompirent pas : à son lit de mort, il se repentit de quelques erreurs de jeunesse, et rétracta formellement les œuvres philosophiques ou licencieuses échappées à sa plume. Il était encore fort jeune, lorsqu'il épousa mademoiselle Létizia Ramolini, Corse comme lui, mais d'une ancienne et noble famille italienne. La Corse était alors déchirée par des luttes intestines : un parti proposait de se soumettre à la France, l'autre de résister à l'invasion. A la tête de ce dernier, était le célèbre Paoli dont Charles Bonaparte embrassa les opinions avec toute la fougue de la jeunesse et du sang méridional. Il fut bientôt l'ami et l'adjudant de Paoli : il dit en pleine assemblée, revendiquant avec énergie l'affranchissement de son pays, que « si pour être libre, il suffisait de le vouloir, tous les peuples le seraient ! » On sait que bientôt après, ces paroles reçurent un éclatant démenti. Mais pendant la courte lutte qui précéda la conquête de l'île, le jeune magistrat fut un des plus vaillants défenseurs de l'indépendance ; ce fut au milieu des camps d'une armée, aux bruits de la fusillade, que Letizia Ramolini mit au monde Napoléon. Toujours à cheval, partageant les fatigues et les souffrances de l'armée de Paoli, elle avait fui avec elle, de campement en campement, à travers les montagnes et les rochers jusqu'au sommet du mont Rotondo devant les soldats français.

[1] Le nom s'écrit en italien *Buonaparte*. Pour le franciser, Napoléon devenu premier consul, supprima l'*u*.

Cette jeune femme, calme et forte au milieu du danger, rappelle la vertu des héroïnes antiques, unie à la douceur et à la beauté dignes de la femme chrétienne. Elle n'éprouva aucune de ces craintes auxquelles sont sujettes les autres femmes à la veille d'un accouchement dont elles peuvent, à si juste titre, redouter les souffrances et les dangers. Voici ce qu'elle raconte elle-même : « Je portais dans mon sein mon Napoléon, avec la même joie, le même bonheur tranquille, la même sérénité que j'éprouvai plus tard à le tenir dans mes bras, à l'allaiter de mon lait. Je n'avais d'autre préoccupation que les dangers de son père et ceux de la Corse. Pour avoir des nouvelles de l'armée, je quittais les retraites les plus sûres de nos rochers escarpés, où l'on avait relégué les femmes, m'avançant jusque sur les champs de bataille : j'entendais les balles siffler à mes oreilles ; mais je ne craignais rien sous la protection de la sainte Vierge, à qui déjà j'avais voué mon Napoléon ! »

N'est-il pas vrai que l'héroïne disparaît devant la chrétienne ? Le jour de l'Assomption, malgré des souffrances toujours croissantes qui lui annonçaient l'imminence de l'événement qu'elle attendait, elle voulut assister encore au saint sacrifice de la messe : à peine fut-elle arrivée à l'église, que saisie des douleurs de l'enfantement, elle dut revenir en toute hâte sur ses pas. Elle ne put regagner son lit, et ce fut sur un tapis représentant les héros de l'Iliade que, sans aucun secours étranger, elle mit au monde le héros des temps modernes.

Charles Bonaparte n'avait que trente et quelques années lorsqu'il mourut : il était père d'une nombreuse famille : il était pauvre, puisqu'il avait dû emprunter vingt-cinq louis pour un voyage. Rapprochons ces faits des paroles si énergiquement, si complètement religieuses de sa femme, et tirons-en la conséquence. L'avenir n'effrayait donc pas cette famille chrétienne : elle avait confiance en Dieu. Les Corses ne savaient donc pas calculer encore comme nous. Malgré leurs idées d'émancipation, ils avaient la foi : ce mot explique tout. Ce crime, si journalier qui outrage la nature et la Providence, que Dieu a puni d'une façon terrible sur Onan, en le frappant de mort subite pendant l'acte même, ce crime ils ne le commettaient pas ! L'Ecriture renferme des enseignements aussi profonds que sublimes. L'exécrable manœuvre qui est une injure au Dieu qui a dit : croissez et multipliez, n'était donc pas le fait de la Corse ni des Bonaparte. Aussi Dieu a-t-il pris soin des enfants de l'homme pauvre qui n'a pas douté de lui, et il a récompensé cette race fidèle en faisant sortir d'elle un Napoléon !

On ne s'étonne plus des vertus presque surhumaines de cette femme, lorsque l'on sait qu'imbue du catholicisme que l'on respire avec l'air en naissant en Corse, elle portait sur la poitrine un crucifix ! Elle était digne d'élever ses enfants, et elle sut revendiquer le droit de remplir exclusivement ce devoir sacré. Charles Bonaparte partagea quelque temps la fortune de Paoli, puis décidé par les instances de sa femme et de son oncle, le vénérable archidiacre Lucien, il revint en Corse et se rallia franchement au gouvernement français. Il fut même envoyé comme député de la noblesse Corse à Versailles. Cet excellent vieillard, ce prêtre, Lucien Bonaparte, dont les conseils et la paternelle administration font régner l'union dans la famille, dont l'ordre et la sagesse rétablissent les affaires délabrées par l'incurie et la dissipation de son neveu Charles, fut le premier maître et le tuteur de Napoléon : il partageait avec sa mère les soins si difficiles et si graves de la première éducation. Quand le père brave et généreux, mais léger et frivole, veut intervenir en usant d'une autorité légitime, il recule devant l'autorité plus sacrée de la vertu. « Laissez, lui dit Létizia, laissez, ce n'est pas votre affaire : c'est à nous de l'élever ! »

Tout le secret de la croyance de Napoléon, demeurée intacte à travers les phases si extraordinaires d'une destinée merveilleuse, se cache dans ces paroles de sa mère. C'est le vieux prêtre et la femme chrétienne qui lui inspirent ses premières idées, dirigent ses impressions, forment son cœur et allument la première étincelle de cette intelligence qui étonnera le monde ! L'archidiacre le prenant entre les bras et l'élevant vers le ciel, s'écriait souvent : « Seigneur, dont les idées sont justes et la volonté adorable, vous n'avez pas voulu laisser à cet enfant une patrie indépendante : ah ! du moins, ne le privez ni de la foi ni du courage de ses pères ! et qu'il honore la France, sa nouvelle patrie, comme jadis ils honorèrent et servirent la Corse ! »

Le son des cloches dont jamais il ne parlait qu'avec émotion, s'associa dans les premiers souvenirs de l'enfant aux pompes des cathédrales, aux chants sacrés, aux splendides illuminations, ces signes extérieurs, ces emblèmes, pour ainsi dire, de la foi qui l'environna, le domina tout entier, dès le moment de sa naissance. Avec de tels précepteurs, l'ame de Napoléon ne devait pas croupir dans les vulgarités de l'éducation banale : dans d'autres conditions, qui le sait ? le germe de ce génie exceptionnel, étouffé peut-être par le milieu où il aurait vécu, n'aurait jamais pu se développer, et serait demeuré enfoui, improductif dans son ame prématurément rétrécie. Ses mœurs et son caractère se formèrent à l'école d'une vertu indulgente, mais sans faiblesse, et du devoir qui n'admet pas de transaction. Il a rendu le plus éclatant éloge à l'influence que cette première éducation exerça sur sa destinée ; voici ses propres paroles : « C'est à ma mère, c'est à ses bons principes que je dois ma fortune et tout ce que j'ai fait de bien. Je n'hésite pas à dire que *l'avenir d'un enfant dépend de sa mère !* » Que de leçons trop souvent méconnues ne contient pas ce mot bref et incisif marqué, comme tous ceux de Napoléon, d'un cachet inimitable ?

« Madame, dit encore Napoléon, parlant de sa mère, avait un grand caractère, de la force d'ame, beaucoup d'élévation et de fierté. Sa tendresse de mère était sévère. Elle veillait, avec une sollicitude sans exemple, sur les premières impressions. Les sentiments bas étaient écartés, flétris. Elle ne laissait arriver à ses enfants que ce qui était grand et élevé. Elle avait de l'horreur pour le mensonge, pour tout ce qui était l'apparence d'une inclination basse. Elle savait punir et récompenser. Elle tenait compte de tout à ses enfants. »

Chacune de ses paroles contient encore, si on veut les peser, un enseignement pratique. Sa tendresse de mère était sévère. — Pourrait-on en dire autant de toutes les mères ? Ces friandises octroyées pour acheter un instant de silence et de tranquillité, ces bourrades administrées sans raison, sans discernement, sans justice, échappées à l'impatience, ne sont-elles pas les premières leçons de l'insubordination et de la désobéissance ? Comment dominer un enfant, quand on ne peut dominer son propre caractère ? Exigera-t-on de lui le respect qu'on ne s'accorde pas à soi-même ? — Elle savait punir et récompenser ! — Il me semble que ces deux mots résument à eux seuls l'art si savant et si

scabreux de l'éducation : une récompense donnée mal
à propos engendre l'exigence tyrannique d'un enfant,
exigence d'autant plus ridicule que l'être devant lequel
on prend l'habitude de ployer est plus faible, et dépend
plus directement de nous. Une punition maladroite peut
provoquer la crainte, mais elle étouffe la confiance,
détruit le respect, et provoque l'hypocrisie ; les effets
sont plus marqués alors que l'enfant plus jeune n'a que
des instincts, et pas de raison pour la rectifier. Et cependant, nous dit l'empereur, c'est de ces premières impressions que dépend l'avenir de l'enfant. Si l'on néglige
ces conseils, on est surpris plus tard de voir son fils se
livrer au libertinage et à l'insolence ; on voudrait le cor-
riger, le reprendre : on a perdu la faculté de la répri-
mande. Il vous répond en ricanant, en haussant les
épaules, quand à ce geste il n'ajoute pas quelque gros-
sièreté. Vous êtes saisi d'indignation : une profonde
tristesse s'empare de vous. Il est trop tard, vous récoltez
ce que vous avez semé. Vous n'avez même pas le droit
de vous plaindre ! Faites donc votre possible pour que
vos enfants ne soient pas gâtés. Qu'abusée par une tendresse bien légitime, la mère n'en fasse pas une idole
que chacun encense dans la maison ; dont on admire les
moindres actions, dont les reparties sont toujours sur-
prenantes, et les méchancetés de charmantes espiè-
gleries : cet orgueil déplacé développera l'orgueil du
petit prodige qui acceptera, comme un hommage dont
il est digne, comme un simple tribut, nos soins les plus
empressés !

Madame Létizia sut élever son petit Napoléon, car
il reste toujours quelque chose de la première éducation,
et il n'y eut, chez lui, ni faiblesse ni pusillanimité. Est-
ce à dire qu'il fut facile à élever ? Je ne le pense pas :

des éducateurs vulgaires y eussent perdu leur latin. On
nous le représente taciturne, rêveur, ne pleurant pas,
sentant vivement, ennemi de l'injustice, ne pouvant
supporter l'oppression, mais sensible et droit dans
toutes ses tendances. Sa mère avait le secret de le faire
obéir : il se raidissait contre toute autre autorité, ne
fléchissait jamais sous les coups, et défiait toutes les
privations. Il n'avait pas sept ans lorsqu'une faute fut
commise : on l'en accusa, et il en subit la punition. Cette
punition est dure et continue : il la supporte en silence,
et pendant trois jours, il reste condamné au pain et à l'eau
sans se plaindre. La vérité est enfin reconnue : il avait
souffert cette injustice involontaire au lieu de dénoncer
sa sœur ! Un semblable trait ne révèle-t-il pas chez
l'enfant ce que sera l'homme ? Il a dit en parlant de lui-
même qu'il était *curieux* et *obstiné*. Défiez-vous des
enfants qui ne s'intéressent à rien, et ne font jamais de
questions ; de ceux qui n'ont aucune volonté qui leur
soit propre. Quand on n'est pas *curieux*, on n'apprend
rien ; quand on n'est pas *obstiné*, on ne sait rien vouloir,
et on ne fait rien ! Les Français conquérants, maîtres de
son pays, étaient l'objet de sa précoce antipathie. Il avait
cinq ans, lorsque les rébellions des montagnards corses
amenèrent la répression souvent cruelle des soldats
français, et dès lors, il songeait à chasser les oppresseurs. Souvent il se retirait tout seul près d'Ajaccio,
dans un jardin appartenant à la famille Fesch, dans un
sombre réduit caché sous un rocher sauvage, et là il
laissait errer son imagination : il se représentait lui-
même, sans doute, arrivé à l'âge d'homme, et chef de
parti, appelant ses compatriotes autour de lui : il leur
disait, en termes énergiques, qu'il fallait le suivre, et qu'à
leur tête, il saurait bien balayer cette troupe insolente

de soldats étrangers qui opprimaient la Corse. Il voyait,
sans doute, du haut de quelque montagne escarpée, les
uniformes français refoulés sur le bord de la mer, s'engloutir et disparaître à jamais ! Nous pouvons supposer
que telles étaient ses rêveries enfantines, lorsqu'en
revenant au logis paternel, il tirait le petit canon pesant
30 livres qui était son jouet favori. Pour un observateur,
n'y avait-il pas là la révélation de sa destinée future ?
Mais ses jeux au canon, plus tard, ses jeux d'homme
fait, devaient retentir d'une façon terrible ! Il était sensible et compatissant : nous prouverons dans le courant
du récit, que malgré les assertions contraires, il le fut
toute sa vie. Dès l'âge le plus tendre, on put remarquer
son exactitude à assister aux distributions qui se faisaient
aux pauvres, à la porte de son oncle l'archidiacre ou à
celle de sa mère : il signalait, avec ardeur, intelligence et
équité, les pauvres âgés ou faibles qui avaient le plus
besoin des secours donnés par sa famille. Le vénérable
archidiacre ne s'était pas trompé sur la portée de l'esprit,
et sur le caractère de son jeune neveu ; et le jugement
d'un homme aussi éclairé, que tous prenaient pour
arbitre, devait être d'un grand poids. Un jour, dans sa
maison, une poutre se rompt et tombe. Chacun s'enfuit
effrayé ; un enfant seul qui se trouvait là, s'élance et
tend instinctivement les bras pour soutenir la poutre,
et prévenir les dangers de la chute. « Bien ! dit l'archidiacre en embrassant l'enfant ; Napoléon, tu seras le
soutien de ma maison ! » A son lit de mort, il dit à ses
neveux agenouillés pour recevoir sa dernière bénédiction :
« Il est inutile de songer à la fortune de Napoléon : il
la fera lui-même. Joseph, tu es l'aîné de la maison, mais
Napoléon en est le chef : aie soin de t'en souvenir ! »
Il eût été difficile de l'oublier !

II. — L'ÉCOLE DE BRIENNE.

Nous avons vu Charles Bonaparte, ardent patriote, se battre avec Paoli contre les Français, s'exiler avec son chef, puis céder aux instances de sa femme et de son oncle, et rentrer en Corse pour se rallier au gouvernement français. Il fit donc sa soumission, loyalement, sans arrière-pensée, et se montra depuis aussi fidèle à la France qu'il lui avait été hostile. Deux généraux se disputaient le commandement de l'île : le comte de Narbonne-Pollet, dont les façons dures et hautaines avaient indisposé tout le monde, et M. le comte de Marbœuf, dont le caractère était doux et conciliant. Charles Bonaparte usa de son influence et de son crédit auprès de ses compatriotes pour faire triompher le second, qui reconnaissant de ces bons offices, obtint par l'entremise de son neveu, l'évêque d'Autun, qui était chargé de la feuille des bénéfices à la cour de Versailles, deux bourses au collége d'Autun pour Joseph et Lucien, tandis que Napoléon en avait une pour l'école de Brienne. Leur père fut aussi nommé assesseur à la justice royale d'Ajaccio et directeur d'une des trois pépinières que le roi Louis XVI avait fait établir dans l'île de Corse. M. Fesch, oncle de Napoléon, qui fut depuis cardinal et jouit d'une grande célébrité, obtint aussi son admission gratuite au séminaire d'Aix en Provence. C'est avec un vrai bonheur que l'auteur peut consigner ici un fait particulier à sa famille. Son bisaïeul maternel, M. Chardon, à cette époque,

intendant civil en Corse, et connu de la famille Bonaparte,
contribua, par sa position, à l'obtention de cette bourse
pour Napoléon : en entrant à Brienne, n'a-t-il pas fait le
premier pas vers ce trône qu'il venait conquérir en
France? Charles Bonaparte partit donc après avoir emprunté vingt-cinq louis à M. du Rosel de Beaumanoir,
qui commandait en second sous M. de Marbœuf : il
emmenait avec lui Napoléon, Lucien et Joseph qu'il conduisit à Autun, où Napoléon resta quelque temps avec
ses frères avant d'entrer à Brienne. Il alla ensuite à Paris
et à Versailles, où il remit à Marie-Antoinette une lettre
de recommandation que lui avait donnée, à Florence, le
grand duc Léopold, frère de la reine de France. A Versailles, chef de la députation de la noblesse corse, il
appuya encore de tout son crédit M. de Marbœuf : ce fut
à lui que l'on dut le rappel définitif de M. de Narbonne.
La famille de M. de Marbœuf, et surtout son neveu l'é-
vêque d'Autun reconnut ces services en protégeant de
tout son pouvoir les enfants de M. Bonaparte : il recommanda spécialement le jeune Napoléon à ses maîtres et
aux familles influentes du voisinage. Les commence-
ments furent durs et pénibles pour le jeune écolier, sa
haine de l'oppression n'avait fait que se développer : il
se trouvait transporté sur la terre étrangère, la terre
ennemie, au milieu de ces Français qu'il a appris à dé-
tester. Il avait dix ans, lorsqu'il arriva à l'école des frères
minimes. Le premier objet qui frappe sa vue dans la
salle où il est introduit, est le portrait du duc de Choi-
seul, le ministre sous lequel la Corse a été vendue à la
France. Une exclamation de colère et de mépris s'échappe de ses lèvres, en voyant l'oppresseur de son pays. Il
est en proie aux taquineries de ses condisciples, qui,
frappés de son regard fier et hautain, de son accent

étranger (il ne savait même pas le français à cette époque) de son teint foncé, de ses habitudes de retraite et de recueillement, le poursuivaient de leurs sarcasmes et de leurs allusions méchantes aux malheurs de son pays. Il répond par un silence dédaigneux : parfois, l'insulte l'irrite, il se redresse avec colère. « Oh ! je leur ferai du mal à tes Français ! » dit-il à Fauvelet de Bourrienne, son intime ami. Ses condisciples pressentent vaguement sa supériorité, ils en sont blessés, comme honteux, et cherchent à la lui faire expier. Nous oublions combien la souffrance peut être cruelle pour l'enfant qui sent plus vivement que nous. Son patriotisme était la cause de ses chagrins et de sa taciturnité : peut-être aussi était-ce le mal inconnu du génie dans l'enfantement ? Comme sous le rocher d'Ajaccio, il va se retirer dans un jardin isolé, et là, les yeux fixés sur les longs et tristes horizons de la Champagne, il rêve d'avenir, ou pense à son pays. D'ailleurs, doux et docile, il ne mérita jamais les reproches de ses maîtres, et fit de rapides progrès dans ses études. Il excelle dans les mathématiques, et devient bientôt l'élève le plus fort de l'école. Il n'aime pas le latin, mais s'attache à connaître tout ce qui a rapport à l'art militaire ; l'histoire le passionne : Plutarque et Polybe sont ses livres favoris. À l'heure des récréations, il court s'enfermer dans la bibliothèque, pour se plonger dans de longues et sérieuses lectures. Toutes ses pensées, nous dit Bourrienne, étaient tournées vers deux choses, la *guerre* et la *politique*. De tels goûts sont assez rares chez un enfant. Les maîtres prenaient plaisir eux-mêmes à irriter son patriotisme. On raconte qu'à la table du père Berton, principal de l'école, les professeurs, pour l'exciter, outragent Paoli : il prend aussitôt la défense du héros, et s'écrie : «que son père a eu tort de consentir à la

soumission de son pays; qu'à tout, il devait préférer l'exil
avec son chef. » Il ne pouvait subir une humiliation. Les
leçons de sa mère lui avaient appris de bonne heure
combien il faut respecter la dignité humaine. Le maître
du quartier lui fit un jour endosser la robe de bure et
l'obligea à prendre son repas à genoux, à la porte du ré-
fectoire, exposé aux railleries de ses camarades. Napoléon
eut un vomissement subit et une violente attaque de
nerfs. Le supérieur l'arracha aussitôt à la punition en
réprimandant le maître, tandis que le père Patrault, son
professeur de mathématiques, se plaignait de voir ainsi
dégrader son meilleur élève. Malgré ces froissements
réitérés, ces persécutions quotidiennes, il ne cherche pas
à se venger et les nobles vertus chrétiennes prédominent
chez lui. Promu chef de peloton, à cause de son mérite, il
reste encore trois jours en prison pour ne pas révéler la
mauvaise conduite des enfants dont il est devenu surveil-
lant et qu'il doit désigner aux punitions des maîtres. Ainsi,
à l'outrage, il oppose l'abnégation et le dévouement. Plus
tard, quoique son apparence froide et réservée puisse le
faire accuser de manquer de cœur, nous le verrons sensible aux souvenirs de l'amitié, faire de Bourrienne, son
secrétaire, de Lauriston, son aide-de-camp et son ambassadeur. Dupuis, son ancien maître de français, devient
bibliothécaire à la Malmaison, et le concierge de Brienne
y est placé par l'Empereur. Il avait douze ans, lorsqu'il
écrivit à son père cette lettre qui mérite d'être transcrite
en entier, car elle nous révèle tout ce qui se passait alors
dans son ame.

« Brienne, 6 avril 1784.

» Mon père,

»Si vous ou mes protecteurs ne me donnez pas le moyen de me soutenir honorablement dans la maison où je suis, rappelez-moi près de vous, et sur-le-champ. Je suis las d'afficher l'indigence et d'y voir sourire d'insolents écoliers qui n'ont que leur fortune au-dessus de moi : car il n'en est pas un qui ne soit à cent piques au-dessous des nobles sentiments qui m'animent. Eh quoi! monsieur, votre fils serait continuellement le plastron de quelques nobles paltoquets qui, fiers des plaisirs qu'ils se donnent, insultent, en souriant, aux privations que j'éprouve. Non, mon père, non ; si la fortune se refuse absolument à l'amélioration de mon sort, arrachez-moi de Brienne : donnez-moi, s'il le faut, un état mécanique ; que je voie des égaux autour de moi, je saurai bientôt être leur supérieur ; à ces offres, jugez de mon désespoir ; mais je le répète, je préfère être le premier d'une fabrique que l'artiste dédaigné d'une académie. Cette lettre, veuillez le croire, n'est pas dictée par le vain désir de me livrer à des amusements dispendieux : je n'en suis pas du tout épris. J'éprouve seulement le besoin de montrer les moyens que j'ai de me les procurer comme mes compagnons d'étude. »

Ne semble-t-il pas qu'il se soit deviné lui-même, en écrivant : «que je voie des égaux autour de moi ; je saurai bientôt être leur supérieur ! » Une telle parole dans la bouche d'un autre enfant semblerait une ridicule bravade, mais chez lui, elle n'est que la conscience nette et juste de sa propre valeur : il ne s'enorgueillit pas : il dit ce qu'il sent être la vérité ! La seconde lettre rapportée par le chevalier de Beauterne est plus significative encore et concourt plus directement à prouver notre assertion, que Napoléon fut toujours chrétien. Corse, il ne peut pardonner un outrage; fils tendre et respectueux, il veut venger son père insulté; mais chrétien, il voudrait avoir la force et le courage du pardon. Ses camarades, paraît-il, traduisant méchamment le mot *assesseur*, nom de la place qu'occupait alors Charles Bonaparte à Ajaccio, lui reprochaient d'être le fils d'un *huissier*, et attachaient un sens méprisant à cette profession. Voilà ce qu'écrit le jeune Napoléon à M. de Marbœuf.

« 8 octobre 1783.

» Monsieur le comte,

» Je ne me corrigerai point d'une impétuosité d'autant plus dangereuse que j'en crois le motif sacré. Quel que fût l'intérêt qui me le commandât, je n'aurais pas la force de voir traîner, dans la boue, un homme d'honneur, mon père, mon respectable père. Sous ce rapport, monsieur le comte, je sentirai toujours trop vivement pour me borner à en porter plainte à mes chefs. Je serai toujours persuadé qu'un bon fils ne doit pas commettre à un autre le soin de venger un pareil outrage. Veuillez ajouter aux bontés dont vous m'avez honoré la grâce de me retirer de Brienne; j'avais acquis votre protection : pour en profiter, il fallait des vertus que le Ciel m'a refusées. »

Cette lettre est vraiment admirable : elle l'est encore plus, quand l'on songe qu'elle émane d'un enfant de quatorze ans. Qui de nous, s'il a du sang dans les veines, ne voudra pas laver l'outrage dont on aura souillé le nom de notre père : mais en est-il beaucoup qui chercheront les moyens de résister à une aussi légitime tentation ?

M. de Marbœuf ne fut pas sourd à l'appel de son jeune protégé. Dès le lendemain, il était à Brienne, et là, devant le gouverneur de l'école, il lui dit ces paroles si profondes 'et si vraies : » « Quelque légitime que soit votre ressentiment, je vous en commande le sacrifice, parce que je suis certain que jamais outrage ne vous sera fait. Soyez désormais moins facile à vous irriter : car celui qui se met en colère pour de bons motifs, finit par s'emporter pour des riens ! » Et il recommanda encore plus spécialement le jeune Napoléon à ses supérieurs et à Madame de Brienne. Cette leçon simple et digne, Napoléon était capable de la comprendre.

On sera peut-être un peu étonné de la cause de cette aventure ; pourquoi ce mot d'huissier ? les camarades de Napoléon le lui jetaient-ils comme une injure, et pourquoi s'en trouva-t-il outragé ? Ces faits ne sont que trop fréquents dans les écoles et au collége ; nous ne naissons pas égalitaires : chez l'enfant, il y a une morgue insupportable, un culte extraordinaire de distinctions sociales. Aussi, voyons-nous souvent les enfants mentir effrontément au sujet de la fortune et de la position de leurs parents, pour se donner quelque relief aux yeux de leurs camarades : nous avons vu quelquefois des scènes profondément affligeantes. Un pauvre écolier entendant, chaque jour, ses condisciples parler avec ostentation du château de leur père, de son hôtel, de ses équipages, de ses chiens, de ses laquais galonnés, n'ose pas leur dire ce qu'est sa famille à lui, famille de petits commerçants ou de cultivateurs qui, au prix des plus grands sacrifices, veut lui donner une éducation complète. Alors il rougit de sa naissance : un petit roman se forge dans sa tête; à

son tour, il rêve château et équipages. Il invente à l'u-
sage de sa vanité tout un splendide attirail, et débite
hardiment ces sottises à ceux qui veulent bien les écouter. Peut-être finit-il par y croire? mais un beau jour,
sa mère arrive : elle a longtemps économisé pour faire ce
voyage, et aller embrasser son fils. Il se trouve devant
ses camarades. La mauvaise honte l'emporte : il feint de
ne pas la reconnaître et se détourne ; mais elle le prend
entre ses bras, l'étouffe de baisers en sanglotant ; les
camarades regardent en souriant : il reçoit ces marques
de tendresse avec embarras et froideur. Revenu avec ses
condisciples, il cherche à leur faire croire qu'il a reçu la
visite d'une vieille domestique de son père, chargée de sa
première enfance ! Ainsi, le petit misérable a renié sa
mère, parce qu'elle avait un bonnet, un panier à la main
et un gros parapluie sous le bras ! Que faut-il conclure
de là ? Qu'il n'est jamais de trop bonne heure pour apprendre aux enfants que ce n'est pas la position qui
honore l'homme, mais bien l'homme qui honore la position !

On a beaucoup répété que l'école de Brienne n'était
pas à la hauteur de sa mission ; que l'instruction y était
misérable, et que Napoléon n'a pu y apprendre grand
chose : on a même soutenu qu'il a toujours ignoré l'or-
thographe. Il est vrai qu'il écrivait vite ; il pensait et
agissait de même, parce qu'il pensait et agissait beaucoup;
dans le courant du mot, pour abréger, il supprimait
souvent des lettres : son écriture n'était qu'une rapide
indication de sa pensée. Il y avait donc abréviation et
non ignorance ; dire qu'il ne savait rien en sortant de
Brienne, parce que les études y étaient négligées, c'est
là une calomnie dont les lettres que l'on a conservées
de lui font suffisamment justice. En voici encore une

adressée à son père, et datée de Brienne le 13 septembre 1783.

« Mon cher père,

» Votre lettre, comme vous le pensez bien, ne m'a pas beaucoup fait de plaisir, mais la raison de cet intérêt de votre santé, et celui de la famille qui me sont fort chers, m'a fait louer votre retour en Corse, et m'a consolé tout à fait. D'ailleurs, étant assuré de la continuation de vos bontés, de votre amour et de votre empressement à me faire sortir, et à seconder ce qui peut me faire plaisir, comment ne serais-je pas bien aise et content? Cela étant, je m'empresse de demander des nouvelles de l'effet que les eaux ont fait sur votre santé, et de vous assurer de mon respectueux attachement et de mon éternelle reconnaissance. Je suis charmé que Joseph soit venu en Corse avec vous, pourvu qu'il soit ici le 1er de novembre. Joseph peut venir ici, parce que le père Patrault, mon maître de mathématiques. ne partira point. En conséquence, M. le principal m'a chargé de vous dire qu'il sera très-bien reçu, et qu'il peut venir ici. Le père Patrault est un excellent maître de mathématiques, et il m'a assuré qu'il s'en chargerait avec plaisir : et si mon frère veut travailler, nous pourrons aller ensemble à l'examen d'artillerie. Ainsi, mon cher père, j'espère que vous aimerez mieux placer Joseph à Brienne qu'à Metz pour plusieurs raisons : 1° parce que cela sera une consolation pour Lucien, pour Joseph et pour moi; 2° parce que vous serez obligé d'écrire au principal de Metz ce qui tardera encore, parce qu'il vous faudra attendre sa réponse ; 3° parce qu'il n'est pas ordinaire d'apprendre à Metz, ce qu'il faut que Joseph sache en six mois : en

conséquence, comme mon frère ne sait rien en mathématiques, on le mettrait avec des enfants.

» Je vous prie de me faire passer *Boswell, Histoire de
Corse,* avec d'autres mémoires touchant ce royaume.
Adieu, mon cher père : je finis en vous souhaitant une
santé aussi bonne que la mienne.

» Votre très-humble et très-obéissant fils,

» DE BUONAPARTE, cadet.

Avant d'aller plus loin, ne serait-il pas convenable
d'aborder ici une question épineuse et difficile, il est vrai,
mais fondamentale : celle de l'instruction que reçoivent
les enfants au moment où ils sont assez grands pour
n'avoir plus besoin des soins maternels ? Nous avons vu
tout ce que le rôle de la mère a d'important et de sérieux : mais elle n'a guère agi que sur le cœur de l'enfant, lui a communiqué des impulsions encore vagues.
Ici, c'est l'esprit qu'il faut entreprendre : ce sont des habitudes de penser et d'agir, des habitudes bonnes ou
mauvaises, qu'il va contracter à l'école ; elles seront
bonnes ou mauvaises et cela dépend des maîtres qu'ils
auront. Les leçons de la mère ont pu imprimer une
excellente direction, déposer au fond de l'ame une semence qui germera peut-être : mais ces leçons peuvent
s'oublier, cette semence demeurer improductive ou être
étouffée au moment de la germination. L'enfant est
encore si jeune, si impressionable, si inattentif qu'il en
sera presque toujours ainsi : il faut donc que le maître
continue l'œuvre de la mère. Mais ne le fait pas qui
veut, et je crois ne pas me tromper en affirmant que très-
peu d'hommes y sont aptes. Si Napoléon, après avoir
passé quelques années chez les religieux de Brienne, y

est resté chrétien, et en est sorti chrétien, malgré la violence de ses passions, malgré les froissements qu'il y a subis, c'est que ces religieux ont continué pour lui les traditions de sa mère et de son oncle ; c'est qu'il a pu traiter en ami ce principal, M. Dupuis, qui l'enlève à une punition humiliante, ce père Patrault, son maître de mathématiques dont il parle avec une sorte d'affection ; c'est qu'il a pu leur donner toute sa confiance, ainsi qu'à ce père Charles qui lui fit faire sa première communion. C'est à Brienne que sa foi s'affermit et s'appuie sur la raison. Plus tard, il dira à Sainte-Hélène : « Telle a été, pour mon compte et à la lettre, la marche de mon esprit: j'ai eu besoin de croire, j'ai cru ! » Dans cette maison de recueillement et de prière , rien n'a altéré la pureté des enseignements maternels. Tout contribuait à les fortifier et à lui en montrer l'efficacité. Tous les exercices s'ouvraient et se terminaient par la prière. Ces pratiques, je le sais, engendrent chez quelques ames la lassitude, l'ennui et la rébellion. Mais la religion n'y apparaissait pas avec la sécheresse méthodique d'une règle de discipline. La vertu et la piété y étaient prêchées par l'enseignement si éloquent de l'exemple. L'humilité, la mortification, le dévouement présidaient à toutes les actions des maîtres et dominaient leur conduite.

Placé dans d'autres conditions, on ne peut savoir ce qu'il serait devenu. Pourquoi est-il si difficile d'être un bon maître? Parce qu'il y a des situations pénibles et laborieuses qui exigent le complet et perpétuel abandon de soi-même. Faire passer ses intérêts avant ceux des autres est une infraction à son devoir ; pour remplir des fonctions de cette nature, il faut plus de vertu, une intelligence plus élevée que les professions où l'on travaille pour soi-même. Il est plus difficile d'être instituteur avec une modique rétribution, que commerçant, ouvrier, laboureur ou même notaire, parce que dans ces professions on travaille pour soi et sa famille. Il ne manque cependant pas d'instituteurs dans les campagnes : mais sont-ils à la hauteur de leurs fonctions? Ne serait-il pas permis de rétorquer l'argument que l'on emploie avec tant de prédilection contre les curés, en disant qu'ils font un métier pour gagner de l'argent? qu'ils n'ont en vue que la petite élévation que leur procure ce métier? Et s'ils ne sont mus que par ce mobile, auront-ils cette abnégation et ce dévouement dont nous parlons? Ces instituteurs continueront-ils l'œuvre de la mère ou bien ne la détruiront-ils pas?

Je suis loin de vouloir médire des instituteurs, mais je désire insister uniquement sur un point. Ils donneront peut-être l'instruction : mais l'instruction seule, qui ne s'appuie ni sur la morale ni sur la religion, peut être pernicieuse. Il faut donc savoir moins si l'instituteur est un homme instruit qu'un homme moral. Les assises nous prouvent malheureusement qu'ils ne le sont pas tous. Tant que l'on ne sera pas parfaitement édifié sur un point aussi essentiel, il faut accepter de lui ce qu'il peut donner, *l'instruction;* mais soyons sur nos gardes, quant au reste.

Je puis, pour justifier cette réserve à l'égard des instituteurs primaires, citer les paroles de M. Thiers : « Parmi les maîtres d'école, dit-il, il y en a de bons, c'est possible : mais ceux-là sont un miracle, car vous avez tout fait pour les rendre détestables. Quand vous avez été prendre dans un village un petit paysan, quand vous l'avez amené à quinze ou seize ans dans une grande ville, quand vous lui avez donné un habit noir, quand vous l'avez logé dans une belle école normale, et quand là, pendant deux ans, vous lui avez donné plus d'esprit qu'il n'en pourra jamais porter ; quand vous lui avez appris la physique, la géométrie, l'algèbre, la trigonométrie, l'histoire et le reste : et puis après cela, quand vous le renvoyez à dix-huit ans au fond d'un village avec 200 francs, pour y mourir d'ennui avec de grossiers petits enfants qui ne savent ni lire ni écrire, et souvent ne veulent apprendre ni l'un ni l'autre, vous en faites nécessairement un *mécontent*, un *ennemi*[1].

» Vous avez beau faire, pour être maître d'école, il faut une humilité, une abnégation dont un laïque est rarement capable. Il y faut le prêtre, le religieux : l'esprit, le dévouement laïque n'y suffit pas. J'ai souvent habité la campagne, et, selon ma coutume, je tâchais de m'y instruire et de faire une enquête sur toutes les choses qui pouvaient m'intéresser. Je tâchais de voir et d'entretenir tour à tour le curé, le maire, le maître d'école, les fermiers, les ouvriers. Eh bien ! je trouvais là un curé : sa position est à peu près la même que celle du maître d'école, guère plus riche : position, c'est le moins qu'on puisse dire, très-modeste et très-abandonnée. Eh bien ! malgré tout cela, je ne le trouvais pas mécontent : je le trouvais résigné, paisible : il me recevait sans tristesse et causait gaîment avec moi. Quant au maître d'école, toujours je l'ai trouvé mécontent : son visage, ses paroles, tout était triste et presque irrité. Et la raison de tout cela, c'est que le prêtre se résigne, le laïque ne se résigne pas. Le prêtre se résigne : il a son ministère, sa messe, ses livres, quelques amis ; le maître d'école n'a rien ! »

---

[1] Il faut dire que, depuis lors, il y a eu bien des améliorations.

III. — ENCORE QUELQUES ANECDOTES DE L'ÉCOLE. — LA PREMIÈRE
COMMUNION. — LE GÉNÉRAL DROUOT.

L'hiver de 1783 à 1784 étant très-rude, il y eut
quinze jours de neiges continuelles. La supériorité incontestable du petit Corse s'était déjà révélée, car malgré leur malveillance à son égard, ses camarades le
nommèrent général en chef. Il s'agissait d'une petite
guerre : on avait construit des forts, des redoutes, un
camp retranché avec de la neige. La femme du concierge
faisant l'office de cantinière, voulut forcer une consigne.
« Qu'on éloigne cette femme qui apporte la licence
dans les camps ! » s'écria le petit général.

Pendant une promenade, un Père minime, professeur,
qui dirigeait les élèves, tomba frappé d'une attaque d'a-
poplexie. Napoléon se hâta de lui porter secours : avec
une rare présence d'esprit, il fit organiser un brancard,
choisit les branches d'arbre, les fit assembler, et sur-
veilla jusqu'au retour la marche du convoi, évitant au
malade le bruit et les cahots. Ces anecdotes prouvent,
comme nous l'avons déjà dit, que Napoléon était humain
et compatissant. Elles prouvent surtout qu'il y avait
réellement prédestination chez cet enfant, et qu'il était
né pour commander.

D'autres avaient déjà prévu ce qu'il pourrait devenir.
Avant d'être général, Pichegru avait été professeur à
Brienne, et répétiteur de Napoléon. Lorsqu'il servit la
cause de l'émigration, on lui parla du jeune Bonaparte

devenu célèbre déjà par ses victoires en Italie : on lui demanda si l'on ne pourrait pas l'amener à embrasser le parti des Bourbons.

— N'y perdez pas votre temps, dit Pichegru. Je l'ai connu enfant, ce doit être un homme inflexible. Il a pris un parti, il n'en changera pas.

Le héros corse, l'ami de son père, le célèbre Paoli disait :

— Bonaparte, tu n'as rien d'une jeunesse ordinaire : tu es un homme de Plutarque !

Il était difficile qu'un enfant comme le jeune Napoléon ne comprît pas toute la grandeur de l'action qu'il faisait, qu'il n'en sentît pas l'importance. Aussi l'influence en fut-elle décisive pour l'avenir : à partir du jour où, renouvelant les vœux du baptême, il se confessa chrétien, il le fut et ne se rétracta jamais. La première communion donna pour ainsi dire une consécration aux impressions religieuses reçues pendant son enfance et couronna l'œuvre de sa mère. Il me faut ouvrir une parenthèse pour dire que bien des personnes, rappelant plusieurs actions de sa vie opposées aux sentiments du christianisme, se sont crues fondées à soutenir que Napoléon ne pouvait être chrétien ; que l'homme qui enleva le pape, et répudia sa femme ne pouvait être un homme religieux. Nous aurons l'occasion de prouver que des fautes dues à l'ambition n'ont jamais altéré cette foi vivace de son enfance, qui résista à tous les immenses périls de son existence et qui le consola à l'heure de la mort. En attendant, nous maintiendrons notre assertion : solidement chrétien, il le resta toujours. Le prêtre qui le catéchisa, cet intermédiaire entre Dieu et lui, fut son confident et son ami. Officier d'artillerie à l'époque où la religion était abolie, les prêtres proscrits, il allait le vi-

siter dans sa retraite, malgré les périls auxquels il s'expo-
sait lui-même. Plus tard, il lui donna une pension. Il faut
que sa première communion l'ait bien vivement impressionné pour que le souvenir ne s'en soit jamais effacé
dans cette ame où devaient s'entrechoquer tant d'émotions diverses, dans cet esprit qu'ont dû sillonner tant
de souvenirs. Cet idéal du bonheur, vague aspiration
vers un monde meilleur, vers une patrie dont nous
sommes exilés et qu'appellent nos désirs, cet idéal, il
dit s'en être approché, l'avoir presque atteint, le jour
où Dieu s'est donné à lui.

Après une de ces grandes victoires qui s'accumulent
comme par magie dans la vie du héros, il était dans sa
tente et chacun le félicitait : «Sire, dit quelqu'un, c'est
le plus heureux jour de votre vie ! — Non, monsieur ! »
dit vivement l'Empereur. » Alors tous cherchaient
dans leur mémoire, un jour plus heureux. » Les Pyra-
mides ! Toulon ! Marengo ! le 18 brumaire ! le couronnement ! la naissance de son fils !— Non, messieurs ! »
dit encore l'Empereur. Après un moment de silence,
il ajouta d'un ton grave et pénétré : « Le plus beau
jour de ma vie est celui *de ma première communion !* »
Chacun se tut et tous se regardaient avec un air d'étonnement. Parmi les assistants, il s'en trouvait un auquel
ce mot avait arraché une larme : l'Empereur s'approche
de lui et lui dit en lui serrant la main : « Vous me comprenez, vous ! » C'était le général d'artillerie Drouot, qui
toute sa vie a pratiqué avec une régularité exemplaire
ses devoirs religieux. Dans une de ses lettres, ce même
Drouot s'exprime ainsi : « Par l'ensemble des relations
que j'ai eu le bonheur d'avoir avec l'Empereur, j'ai
acquis la conviction de ses sentiments religieux. »

Puisque l'occasion s'en présente, nous dirons quel-

ques mots de ce brave officier, pour montrer que l'on se
fait généralement une fausse idée des héros de l'Empire,
en ne les représentant que comme de grands traîneurs
de sabre, et en croyant que le courage ne peut s'allier
qu'à des allures tapageuses et à des opinions au moins
hasardées. Nous transcrirons quelques fragments de la
notice biographique de Drouot, pour montrer qu'il n'en
est pas ainsi. L'Empereur l'appelait le Sage de la grande
armée. Il le jugeait digne de commander cent mille
hommes, et disait qu'il n'existait pas deux officiers au
monde, pareils à Murat pour la cavalerie, à Drouot pour
l'artillerie. Aussi, dans toutes les circonstances critiques,
dans ces solennels moments où il faut qu'un coup décisif assure l'issue de la bataille, toujours on l'entendait
crier : « Drouot, où est Drouot ? » Et Drouot accourait
comme à Wagram, à Lutzen, à Champaubert, etc., il
accourait avec ses cent pièces d'artillerie, et la victoire
restait fidèle à nos aigles. Voici un épisode relatif à la
retraite de Russie, emprunté à son oraison funèbre, par
le R. P. Lacordaire.

« Il fallait aux victorieux fugitifs de Moscou une autre
science et un autre courage que ceux du soldat : il leur
fallait la science de la force morale, le courage de souffrir et d'espérer toujours. Drouot les avait... Il résolut
de les communiquer à ses compagnons d'armes, à ceux
du moins qui lui étaient particulièrement confiés et qui
allaient partager avec lui le sort de cette formidable
aventure. Chaque matin donc en plein air, comme s'il
eût été sous le ciel de Naples, il ôtait son uniforme, ouvrait le col de sa chemise, appendait un miroir à l'affût
d'un canon, se faisait la barbe et se lavait le visage devant toute la troupe. Il n'y manqua pas un seul jour, à
quelque degré douloureux que la température descendît.

La Providence récompensa son dévouement. Il ramena en Pologne toutes ses batteries sans avoir perdu un seul canon. C'est assez dire qu'il n'avait pas seulement sauvé le matériel, mais qu'il avait eu le bonheur de sauver aussi la plus grande partie de ses enfants ! A la chute de l'Empire, il écrit au général Evain. « J'accompagne sa Majesté à l'île d'Elbe, et je ne quitte pas dans l'adversité le souverain que j'ai aimé et bien servi dans la prospérité. Je renonce à ma patrie, à ma famille, à mes affections les plus chères. Le sacrifice eût été mille fois plus grand de renoncer à la reconnaissance. » Napoléon lui demanda quelle était sa fortune. « Environ 2,400 francs de rentes, dit le général. — C'est trop peu : qui sait l'avenir? Il ne faut pas qu'après moi, mes amis se trouvent dans le besoin, parce que leur dévouement à ma personne et au pays leur a fait négliger leurs propres intérêts. Je vais vous donner deux cent mille francs. —A Dieu ne plaise, Sire, répondit Drouot que j'accepte ; on dirait que l'Empereur dans l'adversité n'a trouvé d'amis qu'à prix d'or, et que je n'ai suivi votre Majesté que pour ce même motif. »

Il refusa également le traitement que comme gouverneur de l'île d'Elbe, l'empereur voulait lui faire allouer. Pendant les cent jours, quoique désapprouvant l'expédition, il se crut lié par son serment et le suivit. Après la seconde restauration, traduit devant un conseil de guerre, mais acquitté, il se refusa à prêter un nouveau serment et préféra quoique jeune (42 ans) se résigner à la retraite. Il refusa même son arriéré de solde s'élevant à plus de 60,000 francs, dans la crainte qu'on n'en prît occasion de le rappeler à l'activité. « Vraiment! je ne trouverais pas dans mon royaume un second Drouot! » s'écria Louis XVIII qui avait donné l'ordre de liquider la pension et de payer l'arriéré.

3*

Retiré à Nancy, sa ville natale, il partageait son temps entre l'étude, la prière et les œuvres de charité. Pendant trente années, il donna l'exemple d'une vertu qui ne se démentit pas un seul jour, même dans les plus douloureuses épreuves : même quand la paralysie jointe à la cécité faisant de sa vie un martyre, le retenait prisonnier dans sa maison. « Dans cette maison, dit le P. Lacordaire, dont on s'approchait comme d'un sanctuaire, on n'entendit jamais que des actions de grâces et des louanges pour Dieu. »

Les revenus de Drouot, y compris sa retraite et son traitement de la légion d'honneur, n'atteignaient pas douze mille francs ; il régla ainsi sa dépense : 2,400 pour lui, tout le reste pour les malheureux, et encore lui arrivait-il souvent de prendre pour ceux-ci sur ce qu'il s'était réservé à lui-même. Un jour qu'on lui faisait à ce sujet quelques observations, il répondit en souriant : « Lorsque mes ressources seront entièrement épuisées ou bien qu'elles viendront à me manquer, je me présenterai à l'hospice Saint-Julien et l'on ne me refusera pas un des lits que j'y ai fondés en faveur des vieux soldats. Il toucha sur le legs de l'empereur, beaucoup plus considérable, seulement 60,000 frs. qu'il distribua, sans en rien réserver, aux anciens militaires qu'il savait dans le besoin.

Quelques mois avant sa mort, n'ayant plus rien à donner, il se souvient d'un grand uniforme qu'il conservait comme une sorte de relique de ses anciens jours : il en fit découper et vendre les galons. Un de ses neveux en témoigna du regret, disant qu'il aurait eu du plaisir à le transmettre à ses enfants. « Mon neveu, répondit le général, je vous l'aurais donné volontiers, mais j'aurais craint que vos enfants, en voyant l'uniforme de leur oncle, ne fussent tentés d'oublier une chose qu'ils doivent se rappeler toujours, c'est qu'ils sont les *petits-fils d'un boulanger*.

En voilà un qui avait compris de bonne heure, que c'est l'homme qui honore la position : il devait avoir une bonne mère !

Tant de vertus, il faut bien le dire, ne poussent pas spontanément dans une ame. Aussi le P. Lacordaire ajoute-t-il.

« Drouot croyait à tout, accomplissait tout, il se confessait et communiait plusieurs fois dans l'année ; et on ne saurait dire avec quel respect militaire et filial, il recevait dans sa solitude le Dieu qui avait réjoui sa jeunesse, protégé sa vie de soldat, et qui répandait sur la fin de ses jours une inénarrable consolation ! » Peu de temps avant sa mort, il écrivait : « Arrivé près du terme de ma carrière, j'attends en paix qu'il plaise au Seigneur de me rappeler à lui et de m'admettre, comme je l'espère, dans le séjour où seront récompensés ceux qui ont bien aimé et bien servi leur patrie. »

Un peu plus tard, au milieu des dernières souffrances, il dit encore: « J'attends tous les jours la mort, et puisque telle est la volonté de Dieu, je m'en réjouis, car je vais retrouver ma mère, mon père et mon empereur ! »

Quoique longue, cette digression ne me semble pas déplacée, car elle fait comprendre qu'un tel homme ait pu avoir les larmes aux yeux en entendant Napoléon parler de sa première communion : plus tard, l'Empereur à Sainte-Hélène, en proie à une de ces profondes et mortelles tristesses dont nous pouvons à peine nous figurer l'amertume, car toutes ses émotions devaient être grandes comme son génie, comme lui-même ; Napoléon frappé à mort dans son pouvoir, dans son ambition, dans ses affections ses plus intimes, et sentant que ce corps, instrument docile de sa volonté implacable, va lui faire défaut, Napoléon s'écrie : « Le son des cloches me manque ici, il me manque : je ne m'accoutume pas à ne plus l'entendre. Jamais le son d'une cloche n'a frappé mon oreille sans reporter ma pensée vers les sensations de mon enfance. L'angélus me ramenait à de douces rêveries. Quand au milieu du travail, j'en entendais les premiers coups sous les bois ombragés de mon palais de Saint-Cloud, bien souvent on me croyait rêvant un plan de campagne ou une loi de l'empire, quand tout simplement je reposais ma pensée, en me laissant aller aux premières impressions de ma vie. Au fait, la religion, c'est le règne de l'ame, c'est l'ancre de sauvetage du malheur ! »

Si tels étaient les souvenirs laissés dans son esprit par la cloche, l'angelus et l'aumônier de Brienne, que devaient être ses premières impressions ! C'était peu de temps après sa première communion qu'il écrivait à son oncle depuis cardinal Fesch, des lettres que celui-ci lisait tout haut, nous dit-on, dans le séminaire de Saint-Sulpice ; en voici quelques fragments.

« Que les fins de l'état militaire sont étroites et courtes, si on les compare aux fins de la religion ! En y songeant, je me sens des dispositions à quitter mon épée de soldat pour le crucifix du missionnaire : j'irai avec vous, mon oncle, porter la foi aux extrémités du monde chez les sauvages. Vous les évangéliserez, et moi je les civiliserai en leur enseignant la lecture, le dessin, les mathématiques. Catéchiser les hommes ne vaut-il pas mieux que de les tuer ? La gloire de la vertu n'est-elle pas préférable à la gloire des armes ? »

Ces paroles sont-elles échappées à l'enthousiasme

momentané d'un esprit léger, facilement impressionnable et changeant d'objet comme de conviction? Cela est difficile à croire en face de toutes les paroles, de tous les actes qui révèlent, chez Napoléon, un enfant dont l'intelligence et la volonté se manifestent avec une précocité étonnante! Il a toujours eu ce qu'il voulait, ce qu'il pensait, ce qu'il aimait. Soyez certains que les contradictions n'ont été qu'apparentes, et qu'homme, il conserva énergiquement les convictions qu'enfant il avait accueillies avec discernement et prédilection ! A propos de l'influence de la première communion, je citerai une anecdote qui se rattache aux pages les plus tristes de l'histoire de l'empire, mais elle est trop décisive pour qu'on la passe sous silence. Nous aurons l'occasion de parler en détail des rapports de Napoléon avec l'Eglise et de son profond respect vis-à-vis d'elle : par suite de circonstances purement politiques, dans le détail desquelles il est inutile d'entrer ici, ces rapports étaient devenus hostiles. Pie VII, fort de son droit, ne voulait pas céder aux exigences de l'Empereur : les Français qui occupaient Rome redoutaient une insurrection. Le général Miollis, gouverneur de Rome, se décida à faire enlever le pape de son palais et à l'éloigner de Rome. Hâtons-nous de dire que s'il crut obéir à l'Empereur en prenant une telle décision, il n'en avait pas reçu l'ordre formel : l'Empereur lui avait écrit : « Je vous confie le soin de maintenir la tranquillité dans mes états de Rome. » Mais le général Miollis entreprit l'enlèvement de sa propre autorité. Quand Napoléon apprit ce qui avait eu lieu, il entra en fureur et s'écria qu'il n'avait jamais donné de pareils ordres. Cependant le général Miollis fit venir le général Radet, lui dit que pour maintenir le calme, il fallait éloigner le pape, que l'Empereur faisant la guerre sur le Danube ne pouvait envoyer de troupes en Italie ; enfin il annonça au général Radet qu'il l'avait choisi pour cette importante opération. Après plusieurs objections, Radet se retira fort ému, soumis, dit-il lui-même à la cruelle alternative de franchir les droits les plus sacrés ou de manquer au devoir que lui dictaient l'honneur et ses serments. Après avoir exigé un ordre écrit du gouverneur, il disposa les troupes envoyées de Naples par Joachim Murat, et s'occupa d'exécuter les ordres qu'il avait reçus : et ces ordres ne désignaient pas formellement le pape lui-même, mais il devait arrêter son ministre, le cardinal Pacca. La nuit suivante, à trois heures du matin, un petit détachement, commandé par le colonel Siry, parvient par escalade à pénétrer dans la grande cour du palais. Radet qui se trouvait en dehors entendit des rumeurs partant du corps de garde intérieur : on criait : « Aux armes ! » Le colonel Siry vient ouvrir au général Radet : ils font mettre bas les armes aux soldats pontificaux, et à la garde suisse qui voulaient faire quelque résistance. Radet, monté dans les appartements, s'avance et aperçoit au bout d'un corridor assez étroit, une chambre où il y avait de la lumière et du monde debout. Se dirigeant vers cette pièce, il y trouva le pape entouré de sa cour : alors il s'arrêta, saisi de respect. « Un mouvement oppressif et spontané, dit-il dans son rapport, remplissait mon être et toutes mes facultés intellectuelles. Je n'avais pas prévu cet incident et je ne savais comment me tirer de là. Que faire ? que dire ? où commencer ? voilà le difficile de la mission. Ma troupe entrait avec moi : la présence du Saint-Père, de son sacré collége et le lieu saint où je me trouvais exigeaient le respect et la décence. Je me retournai et je commandai que l'on reconduisît et que l'on plaçât en ordre la troupe dans la salle du trône, et que les patrouilles en fussent détachées pour le maintien de l'ordre dans l'intérieur du palais : fort embarrassé du parti à prendre pour ne compromettre ni le succès, ni le gouverneur, ni moi-même, je profitai du mouvement rétrograde de ma troupe pour envoyer en toute hâte le maréchal des logis de la gendarmerie Cardini prévenir le gouverneur général, que j'étais en présence du pape, sans avoir pu parvenir jusqu'au cardinal Pacca, que je ne connaissais pas, et demander les ordres du gouverneur. Je prolongeai le mouvement de ma troupe ; je ne laissai avec elle qu'un petit nombre d'officiers, je fis entrer le surplus avec moi, ainsi que les sous-officiers de la gendarmerie. Ils entrèrent avec la plus grande honnêteté, le chapeau à la main, et s'inclinant devant le pape, à mesure que chacun allait prendre place devant l'entrée intérieure. Toute cette ordonnance dura cinq minutes environ, lorsqu'arriva le maréchal des logis Cardini, qui me tendit en secret l'ordre du gouverneur d'arrêter le pape avec le cardinal Pacca, et de les conduire incontinent hors de Rome. Tout sévère que me parut cet ordre, il fallut obéir ! »

Plus tard, le général Radet, après la chute de l'Empire, sollicita la faveur de retourner à Rome, disant que tout en exécutant les volontés de son supérieur, il avait traité le pape avec les plus grands ménagements. « Oui, en effet, répondit au général la personne chargée de la négociation, personne ne nie que vous n'ayez témoigné de la vénération pour le Saint-Père : mais il y a une chose que l'on ne comprend pas. Après être entré la hache à la main, et brisant les portes, vous vous êtes arrêté ainsi à la vue du pape : il s'est donc passé quelque chose de surnaturel ? — Que voulez-vous ? répondit le général ; dans la rue, sur les toits, à travers les escaliers, avec les suisses, cela allait bien : mais quand j'ai vu le pape, dans ce moment-là, *ma première communion* m'est apparu ! »

La communion est à la fois la plus consolante et la plus mystérieusement terrible de nos croyances. La première fois que l'on communie, on remplit l'acte le plus grave, le plus important et le plus décisif de sa vie. Napoléon en a été convaincu, lorsque devenu premier consul, il envoya au père Charles, qui l'avait préparé à sa première communion, le brevet d'une pension de mille francs, en lui écrivant ces mots :

« Je n'ai point oublié que c'est à vos vertueux exemples et à vos sages leçons que je dois la haute fortune où je suis arrivé. Sans la religion, il n'est point de bonheur, point d'avenir possible. Je me recommande à vos prières.　　　　　　　　　　　　» BONAPARTE. »

Celui qui est assez heureux pour posséder cette foi dont parle Napoléon, ne peut sans le plus profond respect et la plus tendre reconnaissance s'incliner devant un pareil mystère d'amour divin. Après être mort pour nous, notre Seigneur ne veut pas nous abandonner, il veut vivre au milieu de nous : à la voix du prêtre prononçant les paroles qu'il a enseignées, il se cache sous les apparences les plus humbles, les plus infimes, les plus pauvres, comme pour prouver qu'il veut toujours demeurer l'ami de tous, et surtout celui des faibles et des affligés ; qu'il veut se rendre accessible aux publicains modernes, et qu'à chacun il est prêt à se donner tout entier. Celui qui croit, le prêtre qui a catéchisé de petits enfants, leurs parents pieux, au moment où Dieu va descendre dans leur cœur, ne peuvent s'empêcher de pleurer comme pleurait Drouot. Alors il leur semble entendre Jésus dire, comme il le disait pendant sa vie : *Laissez les petits enfants s'approcher de moi !*

Voilà ce qu'on leur apprend au catéchisme ! Voilà les leçons que beaucoup voudraient abréger !

IV. — A L'ÉCOLE MILITAIRE. — LA MESSE.

Napoléon fut admis à l'école militaire, le 1er septembre 1784, avec cette note : « Napoléon de Buonaparte admis à l'école militaire, élève du Roi comme s'étant distingué par la *pureté de ses mœurs*, sa docilité, son aptitude aux sciences, et les progrès qu'il avait faits. »

Ce fut à l'âge de seize ans que dans cette école, après s'être approché du sacrement de l'eucharistie, il reçut celui de la confirmation. On raconte qu'en cette circonstance l'archevêque témoigna quelque étonnement au nom de Napoléon, et dit qu'il ne connaissait pas ce saint-là qui n'était pas dans le calendrier. Le nouveau confirmé répondit avec beaucoup de présence d'esprit : « Que ce n'était pas une raison, puisqu'il y a des millions de saints, et seulement 365 jours dans l'année. »

L'école militaire fondée par Louis XV, pour instruire aux frais de l'État cinq cents enfants de gentilshommes sans fortune, était dirigée par des maîtres qui s'occupaient à faire de bons chrétiens autant que de bons officiers ; ils mettaient sous les yeux de leurs élèves le tableau des gloires militaires, comme des gloires religieuses de la France : à côté de Condé, de Turenne, de Vauban, se trouvaient les souvenirs de la vie de saint Louis. On raconte que, dans la chambre de Napoléon, se trouvait un crucifix de bois noir surmonté d'une branche de buis, ainsi qu'un bénitier : il y faisait régulièrement chaque jour ses prières du matin et du soir. Il avait aussi inscrit sur les murs quelques maximes, résumé de ses pensées habituelles, et dont l'énergique concision caractérise le génie particulier de Napoléon.

« Il est trois choses qu'un gentilhomme ne doit jamais permettre qu'on offense devant lui : son Dieu, son roi, sa dame. »

« Tout finit sous six pieds de terre. »

« Le plus beau jour de la vie est celui d'une bataille! »

La première pensée semble un reflet des temps héroïques de la vraie chevalerie, dont nos aïeux gardaient alors plutôt le texte que l'esprit. Il y a encore dans ces mots un parfum d'ancien régime, qui devait bien vite s'évaporer au souffle de la révolution.

« Tout finit sous six pieds de terre ! »

Oui, tout ce qui est terrestre, c'est-à-dire qu'ici-bas tout est vanité : n'allez pas croire que le plus éloquent, et le plus énergique défenseur de l'immortalité de l'ame ait prétendu dire autre chose. Nous voyons qu'il démentit d'une façon solennelle sa troisième maxime.

Il conserva toujours ses habitudes de dévotion. Plus tard, à l'époque où le culte était proscrit, il continuait instinctivement à faire le signe de la croix, lorsqu'il éprouvait quelque vive émotion. Cette énergique et silencieuse profession de foi lui échappa devant plusieurs témoins : en apprenant la défection du général Moreau, il parut troublé, et comme par un mouvement rapide et involontaire il se signa. Les spectateurs furent très-surpris. « Décidément, se dirent-ils, le premier consul est dévot. »

Un jour, au moment le plus solennel de la messe, un élève affectait de tourner le dos au maître-autel. Le jeune Bonaparte près duquel il se trouvait placé, le saisit par le bras, et lui fait faire volte-face. « A genoux, dit-il tout bas, mais avec un accent énergique, à genoux! » L'autre obéit sans répliquer.

Il ne faut pas croire que de tels sentiments puisés dans le milieu où il vivait, se soient effacés, depuis à l'apogée de sa puissance; un matin qu'il allait partir pour une de ses étonnantes expéditions, il demanda que l'on célébrât la messe. Le prêtre qui officiait sachant que l'Empereur n'aimait pas les lenteurs, et appréciait plus que tout autre la valeur du temps, crut lui être agréable en disant la messe fort à la hâte. Quand il eut terminé, Napoléon l'apostropha d'une façon très-sévère : « Monsieur l'abbé, dit-il, vous saurez que quand j'entends la messe, je veux l'entendre *bien :* tenez-vous-le pour dit! » Son oncle, le cardinal Fesch, en parlant de lui, disait : «Tout prouve qu'il était chrétien : quand il eut signé le concordat (car ce que je vous dis là, ce sont des choses publiques, historiques), ne fit-il pas chanter une grand'messe à Notre-Dame? Il voulut que les généraux y assistassent en costume, et tous étaient réunis à l'archevêché... Il allait entrer dans l'église, lorsqu'on vint l'avertir de ne pas traverser la salle où se tenaient ces messieurs. L'un d'eux s'était emporté jusqu'à dire: «Veut-on donc nous obliger à jouer la comédie? Est-ce à des militaires à venir s'agenouiller aux momeries d'une église! Si l'on prétend nous ramener aux capucins et aux prêtres, messieurs, c'est à nous de savoir ce que nous avons à faire : quant à moi, je me couvre et je sors. » A la suite de ces propos, il s'était élevé une violente émotion dans la salle, et l'on engageait le premier consul, au nom du Ciel, à ne point se risquer parmi les officiers. Napoléon frappa sur son épée: « Je fais ce que je dois faire, et si l'on m'attaque, je me défendrai. » Voilà ce qu'il me dit, et il entra. Mais depuis, il me l'a répété bien des fois : « Mon oncle, j'ai couru un véritable danger, le jour de ma première messe à Notre-Dame ! »

C'est aussi de l'école militaire que poursuivi par son idée de se faire missionnaire, il écrivait à son oncle (c'est encore lui qui le rapporte) :

« Mon oncle, m'écrivait-il, rien n'est comparable aux joies que j'éprouve : je voudrais pouvoir consacrer à Dieu ma force tout entière, et combattre pour lui au moins de la parole. Les occupations de l'école ne me permettent pas de me livrer, comme il conviendrait, à la vie contemplative, mais au moins, je sais avec un bonheur réel, qu'à travers mes travaux et la carrière d'épée où je m'engage, je marche dans la foi de mon père ! »... Mon Dieu ! cette lettre, (dit le cardinal Fesch à son interlocuteur, pourquoi n'est-elle pas sous ma main ? Elle avait plus de deux pages, et toutes pleines de sentiments pareils !... Quelque temps après même, il eut un projet. Ne voulait-il pas m'entraîner aux Indes ? Il y avait alors un régiment d'artillerie à Pondichéry, à Carical, je ne sais plus où, et il voulait s'y faire nommer lieutenant. « Tenez, mon oncle, nous irons là. Vous êtes prêtre : eh bien ! vous ferez ce qui convient au prêtre : vous baptiserez, vous prêcherez ; moi, je leur ferai un cours de physique, puis de philosophie, et nous les amènerons à la vérité . »

Plus tard encore, à Sainte-Hélène, son malaise de la

privation d'un prêtre se manifestait particulièrement le dimanche. Ces jours-là, on remarquait un redoublement de mélancolie et d'amertume sur ses traits. C'est un dimanche qu'il s'écria en parlant au comte de Montholon et aux autres compagnons de son exil : « Voyez, messieurs, examinez ce que c'est que la piété du roi très-chrétien : jugez d'après leurs actes ces princes légitimes, ces monarques du droit divin ! jugez la sainte-alliance. Que pensent-ils de moi, ou que font-ils penser d'eux ? leur conduite à mon égard, est-ce de la religion, ou est-ce de la haine ? Que prétendent-ils, en me privant des consolations religieuses. Me prennent-ils, ou veulent-ils me faire passer pour une bête brute ? Et tous les habitants de cette plage protestante qui ont les yeux fixés sur nous, ces soldats, ces officiers, qui célèbrent le jour du Seigneur, que doivent-ils croire de moi ? »

Un autre jour, pendant une promenade à Sainte-Hélène, l'empereur disait : «C'est aujourd'hui dimanche ! nous aurions la messe si nous étions en pays chrétien, si nous avions un prêtre, et cela nous eût fait passer convenablement quelques instants de la journée. Mais on nous refuse un prêtre ! » Assister à la messe, y assister avec recueillement, n'est pas le fait d'un esprit faible ; il n'y a rien là dont il faille rougir. Si l'on ne croit pas au divin mystère qui se passe sur l'autel, nulle loi civile ne contraint l'incrédule à venir y assister pour troubler les fidèles du spectacle de son impiété : qu'il reste chez lui, en attendant qu'il soit mieux inspiré. Mais ceux qui croient un peu, dont la foi est équivoque, ou qui par position sont obligés de venir à l'église, acceptent souvent les offices comme une corvée fatigante dont il faut bien subir l'ennui ; ils espèrent s'en dédommager par le plaisir d'étaler à tous les yeux une pose irrévencieuse et nonchalante, comme pour montrer qu'ils ne sont pas dans leur élément ; ils y vont causer, rire, ce qui ne serait pas toléré au théâtre ; ils bâillent avec une ostentation superbe : on y prend du tabac, et l'on se fait de petites politesses avec grand fracas. S'agenouiller serait une rude contrainte, et l'on se contente d'une petite inclinaison de tête. On a cependant l'échine beaucoup plus souple lorsqu'il s'agit du moindre personnage auquel on va rendre visite. On voit parfois de grands niais promener de longs regards impertinents sur l'assemblée, à travers une petite vitre unique fixée à l'angle de l'œil : peu s'en faut qu'ils n'allument un cigare, pour abréger le temps. En envisageant les choses au point de vue purement humain, il faut avouer que l'on se trompe, si l'on croit montrer par toutes ces pratiques une grande supériorité d'esprit. Le musulman, qui n'a pas le bonheur de posséder la vérité religieuse, oublie à notre égard toute politesse en nous traitant de chiens : peut-être cependant n'est-il pas fort éloigné de la vérité? Quant à lui qui, après avoir soigneusement consulté sa keblâh, se prosterne cinq fois par jour, et reste les bras étendus par terre, et la tête entre les bras, pour faire ses prières, il peut, en entrant dans une de nos églises un dimanche matin, se croire transporté au bazar ! Nous accusions certains hommes d'être aussi inconvenants à l'église qu'au théâtre : peut-être avons-nous eu tort, et se croient-ils autorisés à agir ainsi, puisque les choses se passent à l'église comme au théâtre. En effet, à chaque instant du saint sacrifice, le bruit agaçant d'une robe de soie frottant les chaises vous oblige à déplacer la vôtre, et, grâce à l'ampleur démesurée de certaines jupes, une dame dérangera sur son passage quatre-vingt-dix ou cent personnes, franchissant obstinément tous les obstacles, renversant toutes les résistances, afin d'arriver coûte que coûte à la place qui lui appartient. Elle n'entendra pas la messe, si elle n'est assise sur sa chaise sculptée, en face de son prie-Dieu, couvert de son coussin de velours rouge. On en pourrait charitablement conclure qu'il y a beaucoup de fidèles dans l'église, puisqu'elle ne peut les contenir sans qu'ils se gênent mutuellement : mais pourquoi une seule personne prend-elle la place de quatre? On ne le tolérerait pas dans une voiture publique. J'ai un grand faible pour les églises d'Espagne, où l'on ne voit aucun siége. Nos temples deviennent une sorte de petit Longchamps où l'on vient étudier des modes nouvelles, recueillir des indications sur la toilette, et faire provision de caquetages et de critiques pour la prochaine réunion. Les premiers chrétiens dans les catacombes, entre les ossements des martyrs dont ils s'attendaient chaque jour à grossir le nombre, et le glaive des persécuteurs suspendu au-dessus de leur tête, devaient s'y comporter d'une autre façon. Je me suis étendu sur ce chapitre, parce que j'y suis autorisé par un mot énergique de Napoléon.

Entrant dans la chambre de madame de Montholon, et apercevant un crucifix, il dit avec humeur : « Pourquoi ce crucifix dans cette chambre consacrée aux épingles, à la toilette et aux chiffons? où l'on se pare, où l'on se mire tout le jour dans une glace? Comment accorder tout cela ? »

A l'école militaire comme à Brienne, il recherche la lecture, la méditation et la solitude. Poursuivi aussi par les souvenirs de son pays, il rêvait toujours l'indépendance de la Corse. On raconte qu'il était encore en butte aux railleries de ses condisciples : à la salle d'armes, pendant l'intervalle des leçons, il se promenait avec son fleuret, les mains croisées derrière le dos, et poursuivi par le mot : « Corse ! Corse ! » Cédant parfois à l'impatience, il se retournait brusquement, et se lançant sur ses camarades, d'estoc et de taille il ferraillait seul contre tous, et semblait se plaire dans cette lutte inégale qui n'avait rien de sérieux, et se terminait au milieu des éclats de rire de ses camarades et de Napoléon lui-même.

M. de Léguille mit cette note à son nom : « Corse de caractère et de nation, il ira loin si les circonstances le favorisent. » M. de Léguille était son professeur d'histoire. Un autre, M. Domairon qui lui enseignait les belles-lettres, frappé de l'originalité de ses productions, les appelait *du granit chauffé au volcan.*

Malgré sa passion dominante pour les études scientifiques, il ne resta pas étranger à la littérature. Monsieur de Beauterne cite de lui une fable dans le genre de celles de Lafontaine et qui date de cette époque. La voici.

LE CHIEN, LE LAPIN ET LE CHASSEUR.

César, chien d'arrêt renommé,
Mais trop enflé de son mérite,
Tenait arrêté dans son gîte
Un malheureux lapin, de peur inanimé :
Rends-toi, lui cria-t-il d'une voix de tonnerre,
Qui fit au loin trembler les peuplades des bois ;
Je suis César connu par ses exploits
Et dont le nom remplit toute la terre.
A ce grand nom, Jeannot Lapin
Recommandant à Dieu son ame pénitente,
Demanda d'une voix tremblante :
— Très-sérénissime mâtin,
Si je me rends, quel sera mon destin ?
— Tu mourras ! — Je mourrai ? dit la bête innocente,
Et si je fuis ? — Ton trépas est certain. —
Quoi ! reprit l'animal qui se nourrit de thym
Des deux côtés je dois perdre la vie...

> Que votre auguste seigneurie
> Veuille me pardonner, puisqu'il me faut mourir,
> Si j'ose tenter de m'enfuir. —
> Il dit, et fuit en héros de garenne.
> Caton l'aurait blâmé, je dis qu'il n'eut pas tort ;
> Car le chasseur le voit à peine
> Qu'il l'ajuste, le tire, et le chien tombe mort.
> Que dirait de ceci notre bon Lafontaine ?
> Aide-toi le Ciel t'aidera.
> J'approuve fort cette méthode-là !

Le patriotisme du jeune Corse faillit nuire à sa carrière. Le gouverneur fut obligé de le faire venir en sa présence, et de lui rappeler « qu'élève du Roi, il devait s'en souvenir davantage, et modérer son amour pour la Corse qui, après tout, faisait partie de la France. »

Les élèves se confessaient une fois par mois, et Napoléon remplit ce devoir jusqu'à sa sortie de l'école. Il avait pour professeur un savant géographe, avec lequel il aimait beaucoup à causer et qu'il allait souvent consulter. On croit que le gouverneur engagea cet ecclésiastique à user de son influence pour calmer l'ardeur patriotique du jeune homme ; peut-être le fit-il par l'intérêt qu'il portait à l'avancement de son protégé ? Quoi qu'il en soit, un jour que le confesseur lui parlait dans le confessionnal avec une insistance particulière sur ce chapitre, Napoléon, au lieu de se rendre, résista jusqu'à l'impatience et à l'emportement. Bientôt sa voix prit un diapason qui ne convenait ni au lieu dans lequel il se trouvait, ni au caractère de la personne qui lui parlait. Bref il s'échappa du confessionnal en s'écriant : « Qu'après tout, il ne venait pas là pour parler de la Corse, et qu'un prêtre n'avait pas de mission, ni de parole de Dieu sur cet article-là. »

Ces mots prononcés très-haut purent être entendus par ses condisciples. M. de Beauterne, qui raconte le fait ajoute : « Hélas ! ce jour-là peut-être Napoléon quitta-t-il la confession, pour ne la retrouver qu'à Sainte-Hélène ? Ce jour-là peut-être l'amour de la patrie terrestre lui fit sacrifier l'amour de la patrie céleste ? Le chrétien s'effaça pour ne plus laisser paraître que l'homme politique. » L'auteur ajoute ces réflexions fort sages : « Tel fut le sophisme qui décida Napoléon à renoncer à ses habitudes religieuses, au serment de son baptême et de sa première communion, pour devenir bientôt l'adepte momentané, le sectateur de la philosophie du dix-huitième siècle. Le motif frivole de ce dissentiment politique avec son confesseur pour une détermination si grave, n'était, comme c'est trop ordinaire, qu'un prétexte invoqué par les passions et par un cœur impétueux, jaloux de s'émanciper du joug austère de la religion. N'est-ce pas l'histoire de la plupart des jeunes gens ? Elevés dans la foi, nous faisons pendant quelque temps des efforts pour accomplir ses préceptes, et nous ployer à son joug : mais nos rechutes nous inspirent une humeur secrète contre une loi si parfaite, au lieu de nous inspirer le sentiment de notre corruption, sentiment sauveur qui conduit à la foi, où personne n'est jamais arrivé que par la voie d'humilité. Alors, sous l'influence de cette humeur secrète, s'abandonnant à l'orgueil, le jeune homme ose faire des objections contre la religion ; sous le prétexte le plus frivole, on le voit s'éloigner de ses autels et de sa pratique, et quelquefois se ranger insolemment parmi ses ennemis. » Monsieur de Beauterne semble, dans ces quelques mots si vrais, avoir résumé l'histoire morale de la plupart d'entre nous : dans la vie de Napoléon, nous verrons bientôt que l'éloignement des idées religieuses ne fut que momentané.

V. — DE L'INFLUENCE DE LA LECTURE. — MORT DE CHARLES
BONAPARTE. — MADAME LETIZIA.

Nous savons que le jeune Napoléon aimait à lire, que
pour dévorer en silence les volumes qui pouvaient lui
tomber sous la main, ou ceux qu'il trouvait dans la
bibliothèque, il prélevait une partie du temps consacré
aux récréations. Pour bien faire comprendre la nature
de l'influence qu'exercèrent certains livres sur l'esprit
de Napoléon, il est nécessaire de dire en quelques mots
quel était alors celui de la France, et sa situation générale.
On ne parlait pas encore d'égalité, mais le mot de liberté
était à l'ordre du jour. A la cour où venait d'arriver
la jeunesse, après avoir été travailler à l'érection de la
république des Etats-Unis, on s'occupait beaucoup de
Mesmer, de Montgolfier et des fêtes du Trianon. D'ailleurs, tous étaient heureux : un roi bon, libéral, plein
d'aspirations généreuses, une jeune reine folâtre et
enjouée répandaient un entrain général. On songeait
bien à opérer quelques réformes devenues urgentes,
mais personne ne voyait que cette prospérité factice
cachait une plaie incurable, que la charpente de l'édifice
social était vermoulue, que d'horribles calamités, conséquence fatale des autres règnes, allaient fondre sur la
France, et qu'à Versailles on dansait sur un volcan. La
royauté était sans force ; l'aristocratie compromise dans
les abaissements de la royauté passée, servile et abâ-
tardie, conservait des priviléges que ne justifiaient plus

ses services ; le clergé lui-même trop opulent, frivole, mondain, parfois corrompu, avait adopté l'esprit philosophique, douteur et sarcastique de son époque ; il avait perdu son prestige et sa puissance morale. La bourgeoisie, le tiers-état murmuraient d'une infériorité sociale, contre laquelle protestaient ses richesses, son intelligence, et la valeur personnelle de ses membres. Et cependant, on voulait maintenir ces institutions décrépites, ces distinctions orgueilleuses, et vides de sens, que l'on avait cherché à démolir par le sarcasme, et dont l'opinion publique avait fait justice. Dans cette débâcle générale, les vieilles croyances, les anciennes traditions, glorieux patrimoine légué par les siècles, s'en allaient à la dérive, au milieu des explosions de la gaieté générale. On voulait être savant tout en étant frivole, et jamais la raison humaine n'a plus impérieusement revendiqué son droit de contrôle. C'est à son crible que l'on faisait passer les institutions, les doctrines et les hommes, et nul ne trouvait grâce devant elle. Voltaire avec son rire sceptique, Rousseau avec ses longues tirades sentimentales, ses phrases pompeuses, abattaient à qui mieux mieux les croyances qui, jusqu'alors, avaient régi la société. Les grands seigneurs applaudissaient ; ils faisaient du libéralisme dans les salons, pourvu qu'il ne leur en coûtât rien, du naturalisme avec les philosophes et de l'impiété pour passer le temps. Que pouvait faire le malheureux Louis XVI, en face de ce cadavre social ? Pour toute régénération, il faut un sacrifice : des victimes sans tache allaient expier les taches de leurs ancêtres. Impénétrable dans ses décrets, la justice divine allait châtier, en Louis XVI, le despotisme orgueilleux de Louis XIV, les crapuleuses orgies de la Régence, les turpitudes et les ignominies de Louis XV ! Mais après

avoir détruit, il fallait reconstituer. Celui qui devait organiser un monde nouveau grandissait alors à l'ombre
des murs de l'école militaire : lui aussi, il lisait alors J.-J.
Rousseau ! Doué d'une vive imagination, d'une grande
impressionnabilité, d'une sensibilité exquise, malgré la
rectitude prématurée de son jugement, il dut se laisser
attendrir, éblouir, fasciner par les brillants sophismes,
l'appareil sentimental, le style enivrant du philosophe
de Genève !

Il crut peut-être un instant que tous les systèmes
politiques, les formes gouvernementales, l'organisation
sociale n'étaient qu'une aberration des hommes déchus
de leur antique état de nature ; qu'il fallait honorer un
Dieu vague, indéterminé, cause première de toutes
choses, qui ne se préoccupait ni du dogme ni du culte !
Aussi dit-il : « Ma croyance s'est trouvée heurtée ,
incertaine, dès que j'ai su, dès que j'ai raisonné !...
Peut-être y avait-il de ma faute ? peut-être croirai-
je de nouveau aveuglément ? Dieu le veuille ! je n'y
résiste assurément pas : je ne demande pas mieux. Je
conçois que ce doit être un grand et vrai bonheur. Le
sentiment religieux est si consolant, que c'est un bienfait
du Ciel que de le posséder ! De quelles ressources ne
nous serait-il pas ? Quelle puissance pourraient avoir
sur moi les hommes et les choses, si, prenant en vue
de Dieu mes revers et mes peines, j'en attendais le bonheur futur pour récompense ! »

Cette tendance naturelle que nous avons tous à l'insurrection dans l'ordre moral comme dans l'ordre matériel, se manifeste dans l'ame de ceux qui pensent par
le besoin de *raisonner* comme le fit Napoléon ; mais la
raison qui n'est pas dirigée par des principes sûrs et
inflexibles, nous égare à notre insu ; nous la mettons au

service de nos passions, de nos instincts, de nos penchants. Nous aimons à bâtir des théories et des systèmes, pour expliquer et excuser vis-à-vis de la conscience une conduite qu'elle désapprouve. En lisant l'histoire assez triste de l'humanité, nous voyons presque toujours, au début de tous les schismes, de toutes les hérésies, de tous les systèmes, quelque passion inavouée qui se cache sous un brillant échafaudage. Disons cependant que s'il s'opéra une révolution dans l'ame de Napoléon, elle ne porta que sur ses idées, et ne se traduisit pas par des actes ; qu'il demeura le même dans ses mœurs, et les habitudes de sa vie extérieure. Il y a, dans l'existence de tout homme, une époque transitoire pendant laquelle les idées fermentent, le cerveau s'exalte. On a de vagues inquiétudes à l'ame. Empruntant le mot à un autre ordre de faits, nous pourrions dire que c'est l'époque de la puberté morale, époque dangereuse qui fixe irrévocablement les croyances et les opinions. Elle fut courte pour Napoléon, car un grave événement le ramena bientôt aux souvenirs de sa première enfance : ce fut la mort de son père. Si la foi d'un homme comme Napoléon a pu être un instant ébranlée par les sophismes des philosophes, que deviendrons-nous, nous autres, qui n'avons pas reçu comme lui un esprit trempé pour la résistance ?

La mort de Charles Bonaparte, qui désavoua sa conduite et revint à des sentiments religieux, fit une profonde impression sur l'ame de son fils : c'est lui-même qui nous le dit. Charles Bonaparte, à son lit de mort, fit venir ses amis, son fils Joseph et l'abbé Fesch. « Mes amis, leur dit-il, j'ai payé ma dette à mon siècle, j'ai été incrédule ! Dieu cependant ne m'a pas abandonné, et je meurs avec les espérances d'un chrétien. Mon fils, —

ajouta-t-il s'adressant à Joseph, — imitez-moi dans ma foi, mais gardez-vous de m'imiter dans les erreurs de ma jeunesse. Soyez le guide de vos frères, le protecteur et l'ami de vos sœurs. Entourez votre mère si malheureuse, des soins et des ressources que vous lui devez à tant de titres. Toi, Fesch, deviens le conseiller et le tuteur de mes pauvres enfants. J'aurais bien voulu voir mon cher petit Napoléon : il me semble que ses embrassements auraient adouci mes derniers moments; mais Dieu ne m'a pas permis de le presser sur mon cœur. Joseph, charge-toi de mon dernier baiser pour Napoléon, et redis-lui ma tendresse et mes derniers vœux. »

Il avait désavoué hautement, et même par écrit, tout ce qu'il avait pu faire ou dire contre la religion, avec une profession de foi claire, distincte et circonstanciée sur tous les articles du *Credo*, sur chaque dogme et chaque mystère en particulier. Une personne dépositaire de ce document a dit : « On croit lire plutôt le travail d'un théologien consommé et la profession de foi d'un homme de la primitive Église, que la dernière volonté et le testament d'un gentilhomme corse. » On dit que, pendant son agonie, à l'heure où l'âme, plus près de Dieu, semble parfois jouir par anticipation de facultés surnaturelles, il ne rêvait dans son délire que de Napoléon, l'appelant sans cesse, pour qu'il vînt à son secours avec sa grande épée.

Joseph écrivit à son frère : « Je vous ai tous remplacés dans ce pénible devoir. Je l'ai assisté, j'ai vu son agonie. Quelle piété ! quel cœur humilié et fidèle ! Il a montré toutes les vertus, toutes les grandeurs du chrétien : mais surtout quel besoin d'expiation ! Toutes les communautés, tous les autels de la ville en ont retenti, tant était vive son union avec les ames pieuses dont il avait réclamé les prières. Il implorait tous les prêtres, il voulait que, dans l'univers chrétien, on se souvînt de lui au saint sacrifice de la messe. C'est dans cet esprit, avec cette ferveur, qu'il a reçu tous les secours et les sacrements de l'Eglise. Il a édifié tout Montpellier. Il est mort comme un saint. En me bénissant pour vous autres absents : « Employez mieux le temps que je n'ai fait, disait-il ; vivez, et surtout mourez dans la grâce de Dieu ! »

Ce coup terrible et inattendu, le récit de cette mort si chrétienne provoquèrent dans l'ame flottante et incertaine de l'adolescent une réaction violente, qui balaya à tout jamais les doutes et les hésitations : « La vie est un léger songe qui se dissipe, » écrivait-il à son frère, avec la conviction précoce et profonde du vieux penseur.

Le 25 mars 1785, Napoléon écrivit à son grand-oncle, l'archidiacre d'Ajaccio :

« Mon cher oncle,

» Il est inutile de vous exprimer combien j'ai été sensible au malheur qui vient de nous arriver : nous avons perdu en lui un père, et Dieu sait quel père ! Quelle était sa tendresse, son attachement pour nous ! Hélas ! tout nous désignait en lui le soutien de notre jeunesse. Vous avez perdu en lui un neveu obéissant, reconnaissant ! Ah ! mieux que personne vous sentiez combien il vous aimait. La patrie, j'ose même le dire, a perdu par sa mort un citoyen zélé, éclairé et désintéressé. Les dignités dont il a été plusieurs fois honoré montrent assez la confiance qu'avaient en lui ses concitoyens, et cependant le Ciel l'a fait mourir! En quel endroit? à cent lieues de son pays, dans une contrée étrangère, indifférente à son existence, éloignée de ce qu'il avait de plus précieux. Un fils, il est vrai, l'a assisté dans ce moment terrible. Ce dut être pour lui une consolation, mais non comparable à la triste joie qu'il aurait éprouvée s'il avait terminé sa carrière dans sa maison, près de son épouse et de toute sa famille ; mais l'Etre suprême ne l'a pas permis. Sa volonté est immuable. Lui seul peut nous consoler. Hélas! s'il nous a privés de ce que nous avions de plus cher, il nous a laissé encore des personnes qui peuvent le remplacer. Daignez donc nous tenir lieu du père que nous avons perdu : notre attachement, notre reconnaissance seront proportionnés à un service si grand. Je finis en vous souhaitant une santé semblable à la mienne. J'ai l'honneur d'être avec respect, votre très-humble et très-obéissant neveu, Napoléon DE BUONAPARTE. »

Le 28 mars, il écrivit à sa mère :

« Ma chère mère,

» Aujourd'hui que le temps a un peu calmé les premiers transports de ma douleur, je m'empresse de vous témoigner la reconnaissance que m'inspire la bonté que vous avez pour nous. Nous redoublerons de soins et de reconnaissance : et heureux si nous pouvons par notre obéissance, vous dédommager un peu de la perte d'un époux chéri! Je termine, ma chère mère (ma douleur me l'ordonne) en vous priant de calmer la vôtre. J'ai l'honneur d'être avec respect votre très-affectionné fils,

Napoléon DE BUONAPARTE. »

La profonde sensibilité, le tendre respect de ces lettres, montrent bien qu'elles n'émanent pas d'un jeune homme vulgaire, ni surtout d'un esprit incrédule et frondeur.

La mère qui lui a toujours inspiré une si grande vénération restait donc veuve à 29 ans. Le reste de sa vie ne démentit pas les promesses de sa jeunesse. Elle avait eu treize enfants dont huit vécurent et presque tous devinrent rois ! Avant que ces magnifiques destinées ne s'accomplissent, elle eut à traverser bien des jours de souffrance et de privations. Lors de l'occupation de la Corse par les Anglais, elle fut obligée de fuir et de venir se réfugier à Marseille avec Lucien et ses trois filles, Elisa, Pauline et Caroline. Elle y vécut dans les dures conditions de l'exil. Ce n'est qu'après le 18 brumaire, qu'elle vint habiter Paris : elle y résida dignement, mais sans pompe jusqu'en 1804, époque de l'élévation de son fils au rang suprême. C'est alors que Napoléon lui créa une maison, qu'elle eut pour chambellan et secrétaire M. le comte de Cossé-Brissac et M. Decazes. L'empereur la nomma protectrice générale des établissements de charité. Après les événements de 1814, elle habita Rome, où elle fut traitée avec les plus grands égards, par les divers pontifes qui ont su respecter la majesté du malheur. Aux moments de la prospérité, elle montra une ame à la hauteur de la plus grande fortune, mais au-dessus de ses séductions. Comme dans sa jeunesse, elle continua à veiller aux intérêts de sa glorieuse famille, lui offrant les conseils d'une tendresse mitigée par la maturité de l'expérience. Souvent l'empereur recourut à ses excellents avis pour la direction de ses affaires domestiques. Les lâches calomnies qui poursuivent l'ennemi vaincu ne lui ont pas été épargnées plus qu'à son auguste fils ;

mais sa belle existence, ses nobles vertus, ses actions bienfaisantes condamnent trop énergiquement de pareilles attaques, pour s'arrêter à les réfuter. Il y a une erreur généralement répandue. On a accusé madame Letizia d'une parcimonie presque sordide, et ce bruit s'est accrédité, sans que l'on ait cherché à vérifier les faits. Il est constant que l'ordre et la sage économie qui régnaient dans sa maison, lui permettaient d'étendre le cercle de ses bienfaits répandus sans bruit. Elle vivait retirée au milieu des splendeurs impériales ; mais si le monde y perdait quelque chose, les pauvres n'y perdaient rien. Elle avait, dès son début dans la vie, compris que la femme vraiment chrétienne appartient avant tout à sa famille et aux bonnes œuvres ; qu'au monde elle ne doit que ses moments perdus. Cette économie lui procura le moyen d'offrir plus tard à l'empereur exilé, à son enfant captif, toute sa riche épargne. « Ecrivez à l'empereur, faisait-elle dire au comte de Las Cases, que toute ma fortune est à lui, et que je me réduirai avec joie à n'avoir qu'une seule servante auprès de moi ! » Ce n'est pas là le langage de l'avarice. Que la haine des partis souffle son venin, et jette sa boue sur une mémoire aussi digne de vénération, madame Letizia n'en restera pas moins dans l'histoire comme le plus beau type moderne de la bonne et digne mère, comme la plus haute personnification de la femme forte, que n'éblouit pas la fortune, que n'abat pas l'adversité, et de la chrétienne qui sait souffrir et pardonner !

La plus belle apologie de madame Letizia se trouve dans les sentiments qu'elle sut inspirer à son fils : on sait ce qu'il disait d'elle, la considérant comme la cause première de sa fortune. Un jeune matelot anglais, prisonnier en France, s'échappe d'un dépôt. Il avait fait avec beaucoup de patience, en surmontant mille difficultés, un petit canot avec lequel il espérait rejoindre la croisière anglaise. Il fut découvert. Napoléon le fit venir : « Tu as donc, lui dit-il, bien grande envie de revoir ton pays : y aurais-tu laissé quelque maîtresse ? — Non, répond le matelot ; c'est ma mère vieille et infirme que je voudrais revoir. — Eh bien ! tu la reverras ! » Et il lui rendit sa liberté, lui fit donner une somme pour sa mère, en disant : « Ce doit être une bonne mère, puisqu'elle a un si bon fils ! »

Le 16 août 1785, le conseil de famille, rassemblé à Ajaccio, nomme l'archidiacre Lucien pour être le tuteur des enfants de son neveu. Ainsi le bon et vénérable prêtre qui, de concert avec sa mère, a veillé sur l'enfance de Napoléon, va diriger sa jeunesse.

A la veille de quitter l'école militaire, s'apprêtant à passer son dernier examen pour obtenir le brevet d'officier, il rédige un mémoire adressé au père Berton, son ancien principal de Brienne. C'est une critique du genre d'éducation adopté à l'école militaire. Il démontre « qu'il est impossible d'atteindre le but que tout gouvernement sage doit se proposer. Il prétend que les élèves du Roi, tous pauvres gentilhommes, n'y peuvent puiser au lieu des qualités du cœur que l'amour de la gloriole, qui les ferait rougir peut-être de l'humble fortune des auteurs de leurs jours, et dédaigner leur modeste manoir. Ne serait-il pas mieux de faire manger aux élèves du roi du pain de munition, au lieu de leur donner journellement des repas à deux services ? Ne serait-il pas mieux de les habituer à battre leurs habits, à nettoyer leurs souliers et leurs bottes ? Assujettis à une vie sobre, à soigner leur tenue, ils en deviendraient plus robustes, sauraient braver les intempéries des saisons, supporter avec courage les fatigues de la guerre, enfin inspirer le respect et le dévouement aveugle aux soldats qui seraient sous leurs ordres ! »

Il est étonnant qu'un enfant de 15 ans puisse observer, penser et écrire de la sorte ! Le dernier trait révèle l'homme qui électrisera d'un regard des milliers d'hommes, instrument passif dans sa main, dont il se servira pour conquérir des royaumes ! Il était déjà frappé des vices d'un état de choses qui menaçait la société, et faussait l'esprit de la jeunesse. Après cette sévère leçon jetée comme un adieu à ses maîtres, Napoléon entre enfin dans ce monde qu'il allait renouveler. Nous l'y suivrons, en cherchant à démontrer qu'il y demeura toujours sincèrement attaché à la foi de son père, et docile aux premières leçons de sa mère.

VI. — NAPOLÉON, OFFICIER D'ARTILLERIE. — TOULON. — LES ÉMIGRÉS. — LE 13 VENDÉMIAIRE.

Il avait à peine seize ans accomplis, lorsqu'il fut nommé lieutenant en second au régiment de La Fère. Il ceignit pour la première fois cette épée, qu'il devait si souvent jeter dans la balance ! Le régiment de La Fère tenait garnison à Valence : Napoléon alla le rejoindre, mais auparavant, il avait au sortir de l'école fait sa première entrée à Paris, où s'élevaient le Panthéon et la Madeleine, les deux temples de la gloire. Il fut vivement ému des splendeurs de la capitale, et peut-être, à la vue de toutes les séductions qu'offrait la France, l'accepta-t-il comme la patrie au service de laquelle il allait consacrer son génie ? La Corse lui resta toujours chère, mais il comprit enfin que la Corse était définitivement française, et il cessa de se considérer comme un exilé foulant le sol étranger. Dès lors la France, qui l'avait adopté, devint l'objet de ses affections et de son dévouement; il ne dira plus à Bourienne : « Ah ! je leur ferai du mal à tes Français ! » La société de Valence offrit à Napoléon beaucoup de ressources intellectuelles. Il y fit son entrée dans le monde. Voici le portrait que M. de Salvandy trace de lui à cette époque : « Une conversation brève et hachée, mais spirituelle, incisive, quelquefois éclatante, fit remarquer le jeune officier Corse. A cette époque, sans rien annoncer de la beauté antique que nous lui avons connue vingt ans plus tard, et que constatent les monnaies de l'empire, il ne laissait pas que d'avoir des traits et une expression remarquables. Petit de taille, mais droit et svelte, il portait dans son maintien un mélange de décision, de brusquerie, et de gravité qui empêchait de voir en lui un jeune homme vulgaire. Son teint jaune, ses joues creusées, sa maigreur extrême avaient quelque chose d'attachant : il s'y trahissait une de ces ames, dont on dit très-bien que la lame use le fourreau. Ses airs pensifs confirmaient le témoignage de son visage. Ses discours faisaient pardonner ce qu'il y avait d'altier dans son accent. Car la fierté se pardonne toujours, quand on voit qu'elle s'appuie sur ce qui est de l'homme et non sur ce qui est en dehors de lui. Sa tête beaucoup trop grosse pour sa taille, réparait ce défaut commun du reste dans sa famille, par le plus large et le plus noble front, un œil d'aigle, et une bouche qui, dans la bienveillance, avait un charme inexprimable, qui dans la colère avait une beauté terrible. La contradiction lui donnait aisément cette sorte de beauté ; mais toujours son regard se recommandait comme son sourire par cette mobilité transparente où éclataient tour à tour le dédain, l'inimitié l'affection, l'enthousiasme. Tous les orages intérieurs flamboyaient dans ce regard étincelant ; et déjà comme sur le trône, toutes les séductions étaient réunies dans, ce spirituel et caressant sourire. » Pour compléter cette esquisse, il faut ajouter qu'il avait des mains dont se serait enorgueillie une femme coquette, où une peau douce et blanche recouvrait des muscles d'acier. Tel qu'on nous le représente, il devait enlever facilement ces succès frivoles et éphémères, dangereux écueils pour une vertu mal affermie, et où tant de jeunes gens laissent leur sève et leur activité. Mais il n'était pas de ceux que peut corrompre la mollesse. S'il ne se laissa pas absorber par les plaisirs de la jeunesse, n'en doit-on attribuer le mérite qu'à l'énergie exceptionnelle de son caractère ? N'est-il pas juste de penser que sa mère, son oncle l'archidiacre, les souvenirs de Brienne, et de sa première communion y eurent leur large part ?

Les devoirs de sa position ne suffisaient pas à l'incessante activité de son esprit. La politique et l'histoire plus encore que l'art militaire occupaient ses moments de solitude. L'Académie de Lyon proposa la solution de cette question : « Quels sont les principes et les institutions à inculquer aux hommes pour les rendre les plus heureux possibles ? » Un thème semblable ouvrait la lice à toutes les opinions, toutes les utopies, toutes les rêveries. Les écrivains se piquèrent d'émulation, les mémoires tombèrent dru comme grêle au sein de l'Académie. Celui de Napoléon, qui voulut aussi traiter la question, fut mis hors ligne : la sauvage énergie du style, la fermeté précise des pensées, leur étendue, la hauteur des vues et leur étonnante justesse appelèrent l'attention sur le jeune officier d'artillerie qui en était l'auteur : il n'avait pas encore dix-huit ans ! Il composa aussi une histoire de la Corse, et un voyage aux Alpes. Son aptitude au travail, sa prodigieuse mémoire, sa facilité à tout comprendre, à tout deviner, en eussent fait un savant extraordinaire, ou un littérateur émérite, s'il n'était devenu conquérant et législateur : les loisirs de sa vie de garnison, si souvent dépensés par nos officiers dans les cafés et à la promenade, lui servirent à accumuler ce trésor de connaissances étendues et positives, de souvenirs précis, dans lequel il eût tant à puiser.

Cependant les événements marchaient vite en France : la révolution était consommée. La Bastille venait de s'écrouler sous les coups de la population ameutée, et le sceptre, des mains de Louis XVI, était tombé entre celles de Mirabeau, pour tomber ensuite dans la boue et le sang, jusqu'à ce que Bonaparte le relevât. Il n'aimait pas cette révolution qui devait plus tard le porter sur le trône. Pendant la dramatique journée du 20 juin, appuyé contre un arbre des Tuileries, il regardait, pâle et irrité, les hordes avinées et furieuses qui défilaient en sortant du palais des rois, proférant d'horribles blasphèmes et entonnant des chants de mort. Il s'écria dans son style énergique et coloré : « Eh ! comment a-t-on pu laisser entrer aux Tuileries cette canaille ? Le Roi n'a donc plus de canons ? Il fallait en balayer quatre ou cinq cents, et le reste courrait encore ! »

On commençait à émigrer. Les princes en avaient donné le signal. On s'était réuni à Coblentz pour fuir la révolution et lui résister : dans l'armée, l'entraînement était général. Napoléon, alors capitaine dans le régiment de Grenoble, hésita sur le parti qu'il devait prendre ; presque tous ses collègues passèrent à l'étranger. On doit comprendre la lutte qui se livra à cette époque dans son ame ; il a dit que s'il avait été officier-général, il eût peut-être suivi le parti de la cour. Cette assertion au moins hasardée, prouve qu'il dut beaucoup combattre avant d'embrasser une cause. Il avait horreur de l'anarchie et du désordre ; la royauté malheureuse conservait à ses yeux le prestige de son droit divin et de ses antiques traditions ; son éducation religieuse, les principes monarchiques, les souvenirs aristocratiques, étaient intimement liés à la cause de l'émigration. S'attacher aux débris de la monarchie dispersée, partager son infortune, et défendre ses droits, devait être une perspective pleine de séductions pour son ame enthousiaste et ardente, autant que droite et généreuse. On ne peut qu'applaudir aux dévoûments particuliers des Français qui restèrent fidèles à la personne des princes, et leur payèrent au sein de l'exil un tribut de reconnaissance et d'affection. Mais les individus doivent s'effacer devant les principes. Napoléon, officier-général, aurait peut-être dû son élévation aux bienfaits de la cour, et dès lors, sa destinée lui appartenait. Mais libre encore de son choix, il dut comprendre qu'au-dessus de tous les dévoûments, de tous les sacrifices, il est un sentiment absolu, vivace, noble et fécond, le sentiment de la patrie ! Les émigrés pensaient qu'au rétablissement de la monarchie, ils devaient intéresser les étrangers ; mais l'horreur de l'invasion étrangère a toujours fait la force des nationalités ! Il y a eu quelque égarement dans leur générosité, en croyant qu'ils devaient sacrifier le pays aux droits méconnus d'une famille. Napoléon devenu Français, sentit bien qu'il appartenait sans restriction à la France, malgré ses crimes, et qu'un bon Français doit rester attaché à la France, quelle que soit la couleur de son drapeau. Il demeura donc au milieu de la France révolutionnaire, malgré ses instincts royalistes, et lui consacra sa jeune épée. Y avait-il déjà ambition et calcul dans cette décision? On n'oserait l'affirmer ; car à moins d'une prescience presque divine, en sachant que les rois peuvent faire des généraux, il ne savait pas que les sans-culottes pussent faire un empereur. Ce qu'il avait pu prévoir, c'est que l'ancienne société était définitivement perdue, et que se cramponner à son naufrage serait jeter dans le vide un dévouement stérile. Porter les armes contre son pays fut toujours pour lui un crime odieux. Enfant, la conduite du connétable de Bourbon l'a révolté ; Corse, il ne pardonne pas à son père d'avoir quitté la cause de Paoli ; maintenant, il restera toujours Français!

Comme il n'entre pas dans le plan de ce petit ouvrage de suivre pas à pas Napoléon dans son étonnante carrière, et que nous n'avons à l'envisager qu'à un seul point de vue, nous ne le montrerons que dans certaines situations où ses sentiments chrétiens furent en relief : nous ne suivrons donc pas la série des événements, et, sans transition, nous nous transporterons à Toulon.

On sait qu'il eut à lutter contre l'incapacité de généraux improvisés, contre la malveillance du comité, bien plus encore que contre l'ennemi. Pendant quatre mois, il déploie l'énergie et l'habileté d'un général consommé. Privé d'officiers qui puissent le seconder, il se fait commandant du génie, commandant d'artillerie, directeur du parc. En quelques semaines, il organise ses ateliers, ses équipages de siége, dresse ses batteries, risquant à chaque instant sa tête, pour désobéir aux ordres de ses chefs dictés par l'ignorance et la jalousie. Les soldats, devinant sa supériorité, lui avaient, d'un commun accord, déféré hautement le commandement. Il avait déjà ce secret admirable d'enlever les hommes. Partout présent, toujours au poste le plus périlleux, saisissant l'écouvillon pour charger lui-même les pièces, ne prenant de repos qu'enveloppé dans son manteau au pied des canons, il se fit bientôt idolâtrer par le soldat. On sait que son plan d'attaque, adopté enfin après les luttes les plus pénibles, se trouve être le seul efficace. Une fois, il a élevé une batterie : le représentant du peuple Fréron le blâme et ordonne de l'évacuer. « Cette batterie restera, reprend le jeune commandant ; j'en réponds sur ma tête ! Faites votre métier de représentant, et laissez-moi faire mon métier d'artilleur ! » Il y avait quelque courage à parler ainsi ; sa tête en effet était singulièrement compromise. Cependant, au bout de quatre mois, la ville est prise ; les Toulonnais qui, dans leur désespoir, ont appelé chez eux les Anglais et les Espagnols, vont se trouver à la merci des patriotes. La ville était silencieuse, presque vide ; les maisons des fugitifs ouvertes, les autres barricadées. L'incendie semblait éclairer un vaste sépulcre. A la suite des soldats, entrèrent les proconsuls, apportant la furie et le meurtre. La férocité dans la victoire suit presque toujours l'ineptie et la lâcheté dans le combat. On fusilla par centaines ; on publia que tous ceux qui avaient des emplois sous l'administration anglaise, et voudraient les conserver, devaient se réunir à un moment donné au Champ de Mars. Là, on les égorgea en masse. Les représentants écrivaient à la Convention : « La vengeance nationale se déploie. L'on fusille à force. Déjà tous les officiers de la marine sont exterminés ; la république sera vengée d'une manière digne d'elle ! » Fouché écrivait à Collot d'Herbois : « Et nous aussi, mon ami, nous avons contribué à la prise de Toulon en portant l'épouvante parmi les lâches, en offrant à leurs regards les milliers de cadavres de leurs complices. La guerre est terminée : soyons terribles pour ne pas craindre de devenir faibles ou cruels ; anéantissons dans notre colère, et d'un seul coup, tous les rebelles, tous les conspirateurs, tous les traîtres, pour nous épargner la douleur, le long supplice de les punir en rois ! Exerçons la justice à l'exemple de la nature. Vengeons-nous en peuple. Frappons comme la foudre, et que la cendre même de nos ennemis disparaisse du sol de la liberté. Adieu, mon ami ! des larmes de joie coulent de mes yeux ; elles inondent mon ame ! » Le misérable qui écrivait ces phrases où l'atrocité le dispute au ridicule, qui devait flatter tous les pouvoirs, s'agenouiller devant tous les principes pour les trahir tour à tour, quand il dit que la joie inondait son ame, aurait été plus vrai en disant qu'il tremblait de peur, que sa férocité d'emprunt était une hypocrisie, et qu'il égorgeait par lâcheté. Il fallait être, à cette époque, bien énergiquement trempé, pour ne pas faire cause commune avec les assassins, partager leurs ignobles joies, se servir des termes de leur vocabulaire. Il est un rapprochement assez bizarre à faire ici. Tandis que des Français, employés civils, fonctionnaires haut placés, se plongeaient avec bonheur dans les ruines et les massacres, d'autres Français, le rebut de la société, les galériens, se jetaient dans les flammes, pour arrêter les ravages de l'incendie, réussissaient à sauver sept vaisseaux et frégates, et quelques magasins, puis allaient reprendre leurs fers. A cette singulière époque, la vertu, bannie de la terre, avait trouvé un refuge dans le cœur des galériens !

Que faisait et que pensait alors Napoléon, commandant dans l'armée victorieuse, lui le vrai vainqueur, qui plus que tout autre avait le droit de représailles ? Les barbaries révolutionnaires le remplissaient d'indignation et de dégoût. D'ailleurs, elles étaient trop en désaccord avec les principes que nous lui connaissons, et les sentiments les plus intimes de son organisation. On a dit faussement qu'il avait fait mitrailler la population ; il n'aurait jamais voulu prêter ses canons et ses artilleurs à une exécution aussi impie. Nous voyons, au contraire, qu'il arrêta souvent l'enthousiasme républicain de ses soldats, lorsqu'il les portait à violer les lois de l'humanité. Son rôle, purement militaire, fut assez beau à Toulon, pour qu'on ne lui impute pas le triste honneur d'avoir pris part à la conduite civile des événements. Les exécutions furent confiées aux soins des bandes de sans-culottes, qui ne se battaient guères, mais excellaient dans le pillage et le massacre. On finit cependant par rendre justice au vainqueur de Toulon. Dugommier écrivait : « Récompensez et avancez ce jeune homme ; car si on était ingrat pour lui, il s'avancerait tout seul ! »

Nommé général, et chargé de l'armement des côtes de la Méditerranée, il fut heureux de s'éloigner du spectacle hideux que présentait la France, parvenue alors au dernier terme des folies et des misères. La guillotine était à l'ordre du jour ; chacun était heureux de livrer quelque tête pour sauver la sienne. La révolution, après avoir proclamé le respect de la propriété, se fait un jeu de la spoliation journalière ; le respect des opinions et la liberté de penser sont abolis ; toute idée suspecte est punie de mort. Enfin, l'athéisme est proclamé, les croyances proscrites, les églises fermées, Dieu lui-même anéanti. La Convention ne sait apporter à cette œuvre de dévastation générale que quelques ruines de plus ; les Académies, les colléges, les sociétés savantes sont dissoutes ; on proscrit même l'intelligence. C'était une nouvelle invasion de barbares, détruisant la civilisation, au nom d'une civilisation fantastique. Il faut cependant un culte ; c'est un besoin inhérent à la nature humaine. Les dévotions impies de ces gens pris de vertige s'adressent à la Nature, à la Raison qu'ils outragent à chaque instant de leur vie. Enfin, le bien-être matériel a disparu ; plus de commerce, plus de crédit, plus d'argent, plus de pain ! De tout ce cahos hideux, il devait sortir un règne de tolérance, de vraie liberté, de progrès et d'intelligence. L'homme auquel était dévolue cette mission, avait en ce moment le courage de dire à ses soldats en Italie, qu'il fallait respecter la religion et ses ministres, et, quand il rencontrait des prêtres français sur les routes, il les protégeait, en disant : « Soldats ! ces hommes sont des Français et des frères ! »

Il se trouvait à Toulon, lorsqu'un corsaire français entre dans ce port, amenant une prise espagnole. Le peuple apprend qu'une vingtaine d'émigrés, parmi lesquels la famille de Chabrillant, sont au nombre des captifs. Dès cris de mort s'élèvent de toutes parts. La population entière se précipite sur la prison qui les renferme. Des représentants du peuple, qui promettent une mort juridique dans les vingt-quatre heures, sont méconnus ; on veut leur tête, et le péril devient imminent, quand Bonaparte accourt. Dans les rangs des séditieux, il aperçoit des canonniers, qui ont été sous ses ordres. Il les harangue, les rallie, sauve avec leur aide les représentants, et parvient à contenir la foule, de manière à ga-

gner la nuit. Alors, il fait disparaître les Français prisonniers dans ses caissons. Une barque les recueille ; ils
sont sauvés, et lui doivent la vie. Mais quels risques
cette audacieuse bienfaisance ne lui fit-elle pas courir !

On s'est plu à répéter que, doué d'un génie excep--
tionnel, Napoléon avait été fort maltraité du côté du
cœur ; on l'a représenté comme un homme de fer, marchant droit au but de son ambition, *même à travers un
cœur ami !* Un tel fait serait de nature à confondre de
telles accusations. Ce n'est pas là un acte de charité
facile, échappé à une bienveillance banale. Mis en accusation comme suspect de connivence avec les émigrés
et les aristocrates, il eût inévitablement péri sur la guillotine, que l'on faisait alors manœuvrer avec une si
grande facilité. Cette bonté d'ame, ce cœur compatissant, il l'eut et le conserva toute sa vie. Le général sau-
vant les prisonniers français, ne nous reporte-t-il pas
aux temps où l'enfant subissait la punition due à ses
camarades, et soulageait le père Minime frappé d'apo-
plexie ? Empereur, il resta le même. Le lendemain d'une
bataille, il descendait de cheval, et donnait lui-même au
corps des ambulances les ordres nécessaires au transport des blessés. Un jour, après la terrible affaire de
Pulstuck, en Pologne, il vit un Russe, tout mutilé par
le canon et horriblement défiguré par l'explosion d'un
caisson, qui se traînait dans la boue : ce spectacle faisait
horreur. « Relevez cet homme ! » dit Napoléon au ba-
ron de Saint-Aignan, l'un des officiers de sa suite ; et
comme celui-ci semblait hésiter à la vue de ce misérable, l'empereur reprit avec vivacité : « Allez donc ! et
sachez qu'il est là-haut un Dieu qui ne laisse pas les
bonnes actions sans récompense. »

Il y a une circonstance qui relève encore le mérite de

son humanité à Toulon, c'est que, suspect déjà au gouvernement français, il avait failli devenir victime de la lâche délation et de la jalousie de deux représentants du peuple, qui l'accusèrent de conspiration à cause d'un voyage à Gênes dont ils ignoraient la cause. Ils le décrétèrent d'accusation, le firent suspendre et arrêter par un autre Corse, l'adjudant général Arena, et ordonnèrent qu'il fût traduit au comité du salut public. Ce comité, pour sauver le public, envoyait à l'échafaud des charrettes de soixante suspects à la fois. La tête de Napoléon était donc bien compromise. Junot et Sébastiani, ses aides de camp, lui proposèrent de l'enlever. Il refusa les offres du gardien chargé de lui transmettre cette proposition, et répondit : « Je suis innocent, je me confie aux lois ! » C'était une confiance fort mal placée. Peut-être se fiait-il davantage à la justice divine ? Il se contenta d'écrire aux représentants une lettre pleine de simplicité, de noblesse et de courage ; il fut remis en liberté. Mais l'affaire des émigrés lui devait attirer de nouveaux périls. Il ne fut cependant condamné qu'à quitter son arme, et à entrer dans les cadres de l'infanterie. Il court à Paris et proteste, mais la jalousie haineuse des membres du comité du salut public les empêche de faire droit à ses demandes ; on lui oppose sa jeunesse. Napoléon répond : « On vieillit vite sur le champ de bataille, et j'en arrive ! » Une telle réponse blesse l'amour-propre des juges, qui n'ont vu couler d'autre sang que celui des victimes sur l'échafaud. Enfin, on lui offre une brigade dans l'armée de Vendée ; il ose encore refuser un tel poste, où il s'agissait de se battre contre des Français coupables de trop d'attachement à leur roi. Il refuse, et un arrêté du comité de salut public, signé : Cambacerès, Merlin de Douai, Letourneur et Berthier, déclare le général Bonaparte rayé des contrôles de l'armée. Ainsi, ils ont brisé entre ses mains cette épée qu'ils sauront bien lui rendre, lorsqu'il s'agira de les sauver !

Dans tout le cours de ces événements, il est impossible de méconnaître l'influence des idées religieuses, ne se faisant peut-être pas jour à cause des circonstances exceptionnelles où se trouvait la France, mais qui persistent, vivaces et profondes, au fond de son ame. Pourquoi cette générosité à l'égard des émigrés? Pourquoi ce refus d'aller combattre les Vendéens? N'est-ce pas parce que le jeune général républicain ne veut pas se battre contre des gens dont le cri de guerre est : Dieu et le roi? Ce cri n'éveille-t-il pas quelque écho secret dans son cœur?

Cependant, la réaction se faisait jour ; elle se montrait sanguinaire, comme l'avaient été les partis qui l'avaient précédée. Les Jacobins à leur tour portaient leur tête sur l'échafaud. Louis XVII, en mourant, rompait l'unité de l'opinion monarchique, et le nombre des partis opposés allait toujours croissant. Voyant son avenir brisé, Bonaparte souffrait dans sa légitime ambition. Etant sans état, sans fortune, il souffrait aussi de la détresse de sa mère et de ses sœurs. Son imagination, toujours ardente et active, enfantait mille projets grandioses au milieu de cette oisiveté forcée. L'Orient était le théâtre de ses rêves favoris : une fois, il adressa au comité du salut public un plan destiné à relever l'état militaire de l'empire turc, avec le concours de quelques officiers envoyés par le gouvernement à la Porte. Il prouvait que la restauration de la puissance ottomane serait utile à la France. Ce projet resta sans réponse, et Bonaparte fut conservé à la France. Les journées s'écoulaient entre des aides de camp demeurés fidèles à sa fortune, son condisciple et ami Bourrienne, et son ancien professeur de mathématiques, Patrault. Son oncle Fesch le voyait souvent aussi. Il aimait les lieux sombres et retirés. Le but de ses promenades était souvent le Jardin des Plantes. Junot l'accompagnait presque toujours. Loin du bruit de la ville et du contact des hommes, son ame s'épanchait en douces confidences, il se sentait, disait-il, *plus près de la divinité dont un véritable ami est la plus fidèle image.* Il parlait de ses tristesses, et de ses rêves irréalisés. Alors son esprit se rabattait vers de plus modestes ambitions. Contemplant une maison qu'il aurait voulu louer en face des Bourrienne, avec Patrault, mais qui était trop chère pour lui, il disait : « Cette maison avec nos amis en face de nous, et un cabriolet, je serais le plus heureux des hommes ! » En apprenant que son frère Joseph venait d'épouser, à Marseille, mademoiselle Clary, il eut un soupir d'envie : « Ah ! qu'il est heureux Joseph ! » s'écria-t-il. Au milieu de cette existence vide et tourmentée, les sentiments auxquels il avait sacrifié sa fortune et son avenir, ne l'abandonnèrent pas un seul instant. En écrivant son vœu pour avoir un petit bien, il ajoutait : *Pourvu que ce ne fût pas un bien national !* Un jour, dans un salon, il entendait un négociant parler avec un sang-froid cruel des démolitions de Couthon sur la place Bellecour ; un mouvement convulsif s'empara de lui : « Je me sauve, s'écria-t-il, j'ai peur qu'on démolisse la maison ! et il ajouta : Comment reçoit-on un tel homme ? C'est un méchant homme, et sans talent ! »

On connaît l'événement important qui changea tout à coup la position de Napoléon, le jeta sur la scène du monde, et lui rouvrit la porte de l'avenir ; on connaît sa conduite du 13 vendémiaire, et ses détracteurs lui en ont fait un crime. Un seul mot de lui l'explique et la justifie : « Je vis la charrette lancée, et reconnus qu'il n'y avait qu'un moyen de l'arrêter : c'était de monter dessus, je le fis ! » Nous savons toute l'horreur qu'il éprouvait pour le sang versé par des mains françaises. Pourquoi fit-il tirer sur les sectionnaires ? Il abhorrait les principes républicains, pourquoi servit-il la cause de la Convention ? Parce qu'il avait prévu l'effroyable désastre qui résulterait de la chute du gouvernement actuel, et que le sang répandu devait éviter une effusion de sang bien autrement terrible. En effet, en admettant la victoire des sectionnaires, les partis que ne maintenait plus aucun pouvoir, se trouvaient de nouveau en présence, plus acharnés que jamais, avides de représailles et de terribles vengeances. Quelle que fût cette malheureuse Convention, elle représentait encore la légalité, le gouvernement, le parti conservateur. Se ranger de son côté, c'était maintenir l'ordre, et agir en bon citoyen. Enfin, il est certain, que tout l'odieux de la guerre civile doit retomber sur les vaincus. Bonaparte n'a pas été l'agresseur, et sa terrible mitraille n'a été qu'une riposte aux attaques des sections. Il prolongea donc l'agonie de la Convention, et laissa s'opérer lentement la réaction, de façon à mûrir les événements, qui devaient préparer un nouvel ordre de choses. Il n'usa de la prépondérance que lui assura le 13 Vendémiaire que pour faire le bien. Nous le voyons, bientôt après, appeler auprès de lui Bourrienne, dont on lui a refusé la radiation de la liste des émigrés ; distribuer des aliments aux pauvres avec une touchante sollicitude, et protéger efficacement les intérêts religieux. La puissance et la prospérité développant les moyens d'action et les immenses ressources de son génie, n'altérèrent en rien les qualités du cœur que nous lui connaissons ; il demeura simple, confiant

et bon. Tant d'autres, aigris par une souffrance passée,
en eussent profité pour faire expier les injustices de leurs
ennemis, qu'il faut lui savoir gré de la modération avec
laquelle il usa de sa nouvelle fortune.

VII. — LE 18 BRUMAIRE, CE QUE DEVINT LA DÉMOCRATIE AVEC LE PREMIER CONSUL.

Un mois après son retour d'Egypte, sa destinée s'accomplit avec celle de la France. La révolution, définitivement terrassée, meurt au 18 brumaire. La France,
avide de liberté en 1789, avait compris, par suite d'une
fatale expérience, où pouvait la conduire le principe révolutionnaire. Elle aurait maintenant sacrifié tous les
droits politiques au repos et à la sécurité. Napoléon les
apportait. Aussi, fut-il salué comme le sauveur du pays.
L'oubli, la modération, les idées conservatrices sont à
l'ordre du jour. Chacun, abjurant les lois révolutionnaires, invoque l'amnistie et la concorde. Napoléon, en
saisissant le pouvoir, proclame l'ordre, la justice et la
modération. « Sans l'ordre, dit-il, l'administration n'est
qu'un choix sans justice ; il n'y a que des partis, des
oppresseurs et des victimes. La modération imprime un
caractère auguste aux gouvernements comme aux nations. Elle est toujours la compagne de la force et de la
durée des institutions sociales. A ces principes tiennent
la stabilité des gouvernements et la grandeur des nations. Le gouvernement, dit-il encore, était trop faible
pour soutenir la gloire de la république, et garantir les

droits des citoyens contre les factions. Un nouvel ordre
de choses commence. Unissons - nous pour rendre le
nom français si grand, que chacun de nous, orgueilleux de le porter, oublie les désignations funestes à
l'aide desquelles les factions ont préparé nos malheurs
par nos divisions. Bientôt les bannières de tous les partis seront détruites, bientôt les travaux du gouvernement assureront le triomphe de la république au dehors
par la victoire, sa prospérité au dedans par la justice,
et le bonheur du peuple par la paix. »

Les programmes ont toujours cela de dangereux,
qu'ils engagent l'avenir, et ne laissent aucune place à
l'imprévu qui joue un si grand rôle dans les événements d'ici-bas, qu'un souverain, pas plus qu'un autre
homme, ne peut faire naître et diriger à son gré. Napoléon se mit tout de suite en mesure de remplir les promesses du sien. Complexe et multiple, il assurait les
victoires au dehors, et la paix à l'intérieur. Ces deux
buts, il les poursuivit à la fois. Le travail de réorga-
nisation intérieure qu'il lui fallait entreprendre était immense. Que de partis à concilier ! que d'injures à faire
oublier ! que de taches de sang à essuyer ! que de plaies
à cicatriser ! Les plus féroces terroristes parlaient de
concorde, d'amnistie. Barrère écrivait : « La révolution
du 18 brumaire, doit effacer tous les souvenirs... Il
viendra enfin le jour, où sera proclamée la solennelle
abolition des lois révolutionnaires. Ce jour sera une
époque d'oubliance et de concorde générales parmi les
Français ! »

Mais un décret pouvait-il effacer d'un seul coup ces
souvenirs si cruels et si saignants encore ? Le passé
pouvait-il être oublié, lorsque la guillotine était encore
chaude du sang des victimes ; lorsque la société fran-

çaise s'était séparée du reste de l'Europe, en abandonnant tous ses usages, ses mœurs, ses lois, son costume même et son calendrier ; lorsqu'il y avait encore
80,000 proscrits qui gémissaient dans l'exil, 90,000
prêtres sans autel et sans pain : qu'une foule de veuves
et d'orphelins pleuraient leurs maris et leurs pères égor-
gés, et se trouvaient en face de leurs meurtriers ! Les
liens les plus sacrés étaient rompus : la famille était
dissoute, le mariage aboli ; il n'y avait plus d'églises,
plus de culte, plus de Dieu ! Il fallait donc réorganiser
la société, ou plutôt en créer une nouvelle avec ces
éléments hétérogènes, disparates et hostiles. On a re-
proché à Napoléon, lorsqu'il s'empara du pouvoir, de
ne l'avoir pas immédiatement rendu aux princes, et
rappelé en France ses anciens maîtres. Mais proposer
à cette époque un Capétien eût été impossible. Qui
donc eût voulu reconnaître un roi, si ce n'est la mino-
rité exilée, qui semblait avoir renoncé à sa patrie en
armant l'étranger contre elle. Rappeler un prince,
c'était raviver toutes les haines, recommencer les massacres, vouloir la guerre, l'anarchie, la dissolution de
cette société qu'il fallait reconstruire ! S'il y eut usurpation, elle fut fatale, providentielle. Le sceau de la
royauté était empreint sur le front de Napoléon. Il régna
par le fait des circonstances, par le droit vraiment divin
de la gloire, du génie et de la nécessité. L'Eglise le
sacra comme elle avait sacré Charlemagne ; la papauté
le légitima, comme elle avait légitimé Pépin. D'ailleurs,
il représentait l'élément français : il fut acclamé par la
France, parce que, comme elle, il détestait l'étranger.
Un des plus grands obstacles à l'œuvre immense de
réparation était l'espérance tenace, espérance généreuse, mais aveugle du parti royaliste, qui, trop faible

et trop impopulaire pour triompher, ne voulait pas avouer sa faiblesse, et luttait contre les décrets du ciel. Après avoir subi la guerre et l'exil, il lui fallut subir la clémence de Napoléon.

On fut surpris de voir que le jeune général avait des plans vastes et complets, qui embrassaient tout, les lois civiles, le droit public, le gouvernement, les finances, l'administration, la politique. L'abbé Sieyès, qui fondait de vastes espérances sur ses propres théories, dit alors : « Messieurs, nous avons un maître : le général veut tout faire, sait tout faire, et peut tout faire. » Il ajouta : « Dans l'état où est la France, il vaut mieux nous soumettre, qu'exciter des divisions qui perdraient tout. »

Il exigea le renvoi de Fouché qui, après s'être montré un des plus ardents et des plus farouches révolutionnaires, se hâtait de se rattacher au pouvoir naissant. Bonaparte répondit : « C'est une ère nouvelle qui commence : du passé, je ne sais que le bien, j'ai oublié le reste. »

Cette ère nouvelle ne fut signalée que par des bienfaits, dictés moins par la politique que par les élans d'une ame compatissante et religieuse. L'un de ses premiers actes, fut de renverser la loi des otages, qui rendait plus de 200,000 Français responsables de tous les mouvements royalistes. Les parents même éloignés des émigrés, des Vendéens, répondaient de leurs actes. Une pareille loi, monstrueux reste de la terreur, fut rapportée. Des milliers de prisonniers virent tomber leurs fers. Le premier consul en personne alla ouvrir les portes du Temple, où de nouvelles victimes avaient succédé aux victimes illustres qui ont rendu immortel le nom de cette prison. Ce souvenir et ce rapprochement émurent le cœur du libérateur. C'était aux bienfaits de Louis XVI qu'il devait son éducation ; c'était sous le patronage du roi qu'il avait étudié à l'École militaire. Le futur restaurateur du principe monarchique, naguère noyé dans le sang, dut être vivement impressionné en ouvrant la porte de la prison du roi-martyr. Les prêtres assermentés, comme les autres, avaient été en butte aux recrudescences de la persécution. Napoléon délivra les uns et les autres. Le gouvernement proclama l'indépendance du culte, la liberté des consciences. Il ne se montra pas moins clément à l'égard du parti terrassé, et déchira les listes de proscriptions que, dans un excès de zèle, les nouveaux convertis à l'ordre avaient dressées contre les révolutionnaires encore turbulents. Ces hommes ne comprenaient le triomphe d'un parti que par la proscription et la mort. L'abus de la liberté avait engendré un effroyable despotisme, d'autant plus dangereux que, se déplaçant sans cesse, le pouvoir passait entre des mains toujours prêtes à répandre le sang de ceux qui l'avaient laissé échapper. Tout le monde, quelle que fût son opinion ou la nuance de son opinion, tremblait sous le poids d'une constante terreur. Aussi, quelle immense sensation de soulagement et de bien-être souleva toutes les poitrines, lorsque, confondus dans la générosité du premier consul, les anciens démagogues, Jacobins ou Girondins, les royalistes vendéens ou émigrés, se virent rouvrir les portes de leur pays. Il osa, affrontant les murmures et les menaces, rendre à tous les émigrés, si impopulaires, une famille, une patrie et l'espérance. Dans les cachots du château de Ham, autre prison illustrée par d'augustes infortunes, gémissaient des émigrés qu'un naufrage avait jetés sur la côte de Calais. La tempête ne les avait épargnés que pour les porter sous le glaive de la loi. Napoléon les délivra, en disant que la patrie ne devait pas être plus inexorable que la tempête, et que Dieu lui-même avait dicté ses volontés. Il intervint même au nom de la clémence dans des intérêts étrangers. Hambourg avait livré aux Anglais deux Irlandais proscrits. Il frappa d'embargo les bâtiments hambourgeois, et répondit aux excuses du Sénat de Hambourg : « Votre lettre, messieurs, ne vous justifie pas. Le courage et la vertu sont les conservateurs des États. La lâcheté et le crime sont leur ruine. Vous avez violé l'hospitalité, ce qui n'est jamais arrivé parmi les barbares du désert ! »

En même temps, il faisait revivre les usages du monde civilisé, appelant à lui les savants, les hommes distingués, abolissant les appellations grossières et ridicules, le costume, le calendrier, les façons inciviles dont la république avait affublé la société française. Il abolit aussi le serment de haine à la royauté, qu'il déclara inutile, supprima certaines fêtes républicaines, rappelant d'odieux souvenirs. Il eut la hardiesse de nommer à un poste éminent Tronchet, le défenseur de Louis XVI, au lieu de Target qui l'avait abandonné. Le pape Pie VI, enlevé de Rome par les troupes françaises, à la suite du conflit entre le gouvernement pontifical, et la république, était mort en exil à Valence, et le directoire l'avait laissé sans honneurs. Un décret ordonna des pompes funéraires pour sa dépouille.

Le cardinal Caprera reçut cette réponse relative au corps de Pie VI : « M. le cardinal, vous m'avez fait l'honneur de me rappeler, par votre lettre du 7 novembre (16 brumaire), combien Sa Sainteté attachait de prix à obtenir que le corps de son prédécesseur, décédé à

Valence, fût transporté à Rome. Il a suffi au premier consul de connaître le vœu exprimé à cet égard par Sa Sainteté, pour qu'il se fît un plaisir d'y répondre. Je viens, M. le cardinal, de prévenir M. le ministre de l'intérieur du départ prochain de M. l'archevêque de Corinthe, auquel le corps du pontife défunt doit être remis. Mon collègue prendra des mesures pour que cette remise se fasse avec la décence convenable, et de la manière la plus conforme aux rapports d'union établis avec Sa Sainteté et aux sentiments que le premier consul lui a constamment exprimés. »

A Rome, lorsque le corps arriva, on déploya une pompe extraordinaire, en faisant appel à la générosité de la noblesse romaine. La cérémonie de l'inhumation fut donc éclatante, et le représentant de la France, près du pape, M. Cacault, avec les Français résidant à Rome, voulurent figurer dans cette solennité, donnant ainsi un éclatant témoignage des sentiments de leur gouvernement vis-à-vis du Saint-Siége. Pendant ce temps, le premier consul faisait élever une statue à saint Vincent de Paul.

Ces actes étaient dangereux, au moins étranges à cette époque, le lendemain du jour où l'on avait proscrit le culte, au milieu d'une population qui, depuis longtemps, avait déserté les églises et décapité les statues des saints qui les ornaient, au milieu d'un corps législatif où se trouvaient d'anciens partisans de la révolution, des républicains ardents ou des philosophes ennemis déclarés de toute religion. Il disait : « J'ouvre un grand chemin ; qui y marchera, sera protégé ; qui se jettera à droite ou à gauche, sera châtié ! »

Et malgré l'étonnante énergie de sa volonté, peut-être son langage n'était-il pas aussi franchement reli-

gieux que l'était son ame? Il s'est expliqué lui-même
là-dessus d'une façon trop explicite, pour qu'il y ait
rien à ajouter. Le jour où un prêtre arriva à Sainte-
Hélène, seul avec le général Montholon, il s'informa,
dans le plus petit détail, des préparatifs pour la messe
du lendemain. Prévoyant des dissidences, il alla au-
devant des objections et dit : « Sur le trône, environné
de généraux qui étaient loin d'être dévots, oui, je ne le
cache pas, j'avais du respect humain, et beaucoup trop
de timidité, et peut-être je n'aurais pas osé crier tout
haut : *Je crois*; je disais : la religion est une force, un
rouage de ma politique. Mais alors même, si l'on m'eût
questionné en face, j'aurais répondu : Oui, je suis chrétien ! Et s'il eût fallu confesser la foi au prix du martyre, j'aurais retrouvé tout mon caractère ; oui, je l'aurais enduré plutôt que de renier ma religion. Maintenant que je suis à Sainte-Hélène, pourquoi dissimule-
rais-je ce que je pense au fond de l'ame. Ici, je vis pour
moi ; je veux un prêtre, je veux la messe, et professer
ce que je crois. J'irai à la messe ; je ne force personne
de m'y accompagner, mais ceux qui m'aiment, m'y
suivront ! »

On connaît sa conduite lors de la pacification de la
Vendée. A la guerre avait succédé la chouannerie, lutte
de représailles escortée de meurtres, éclairée par l'incendie. Voici le langage que tenait le premier consul : « Il
est des citoyens chers à la patrie, qui ont été séduits.
C'est à ces citoyens que sont dues les lumières et la
vérité. Des lois injustes ont été promulguées et exécu-
tées ; de grands principes d'ordre social ont été violés.
La volonté constante, comme l'intérêt et la gloire des
premiers magistrats, sera de fermer toutes les plaies de
la France, et déjà cette volonté est garantie par des

actes émanés d'eux. Ainsi, la loi désastreuse de l'emprunt forcé, la loi plus désastreuse des otages ont été révoquées. Chaque jour est et sera marqué par des actes de justice. La liberté des cultes est garantie par la constitution. Les ministres d'un Dieu de paix seront les premiers moteurs de la réconciliation et de la concorde. Qu'ils parlent aux cœurs le langage qu'ils apprirent à l'école de leur maître ! Qu'ils aillent, dans ces temples qui se rouvrent pour eux, offrir le sacrifice qui expiera les crimes de la guerre, et le sang qu'elle a fait verser !»

Après avoir accordé un délai pour que l'on mît bas les armes, il finit par réduire les dernières bandes et proclamer une amnistie universelle. Des Vendéens inflexibles refusent de céder devant l'amnistie, comme ils ont refusé de céder devant la victoire. Des juges inexorables reçoivent trop tard l'ordre de clémence envoyé par Napoléon.

Installé aux Tuileries, il en fait disparaître les derniers emblèmes de l'anarchie. Ainsi, tous ses efforts ont tendu à effacer radicalement la trace de cette époque malheureuse, qui s'appelle la révolution. Nous l'avons dit, de nature et d'instinct, il lui était antipathique ; sa raison si droite lui en avait fait comprendre les désastreux résultats.

VIII. — QUELQUES MOTS SUR LA PAPAUTÉ. — CE QU'EN PENSAIT NAPOLÉON.

Il ne nous appartient certes pas de trancher une des plus graves questions, qui agitent l'humanité depuis tant de siècles. Notre opinion personnelle ne mérite nulle autorité, mais nous voudrions exposer, à l'aide de quelques faits, celle que doivent avoir les catholiques, celle qu'avait Napoléon ; nous voudrions faire comprendre en quoi consiste cette question, par les courtes explications destinées à jeter de la lumière sur le récit des événements où Napoléon se trouva en contact avec le pape.

Pour nous, la papauté doit être l'expression la plus haute et la plus simple de l'unité chrétienne. Le pape est le représentant de celui qui a dit : « Il n'y aura qu'un seul pasteur, un seul troupeau ! » Le christianisme n'est pas compréhensible en dehors de la papauté, car il ne se conserve pur et intact dans ses dogmes que par l'autorité qui le perpétue. Quand les hommes ont voulu l'en détacher, ils l'ont, malgré leur prétention de le ramener à sa source, tellement mutilé, qu'ils l'ont rendu méconnaissable ; ils ont substitué leurs interprétations et leur autorité individuelles à l'autorité absolue, dont nous reconnaissons l'infaillibilité ; leurs lumières diverses et contradictoires, à la lumière unique qui nous empêche de nous égarer. Cette autorité, au point de vue religieux, a conservé l'Eglise, sauvegardé le dépôt sacré de l'enseignement, et de la tradition apostolique. Mais, sous le rapport politique et social, elle a constitué les états chrétiens, civilisé le monde barbare, et maintenu l'équilibre entre les peuples et les rois. Il y a deux ordres de choses parallèles : les faits et les principes. Les faits sont souvent en contradiction avec les principes, et semblent infirmer leur valeur ; les principes planent absolus et immuables au-dessus de la région où s'entrechoquent les faits. Les uns et les autres ici s'unissent pour confirmer notre croyance.

Etablissons les principes. Notre profession de foi contient ces mots : « Je crois à l'Eglise *catholique, apostolique* et *romaine.* »

L'Eglise est, d'après la définition des théologiens, la société de tous les fidèles réunis par la profession d'une même foi, par la participation aux mêmes sacrements, et par la soumission aux pasteurs légitimes, principalement au pontife romain.

Elle est *catholique*, c'est-à-dire universelle ; non pas qu'elle soit répandue sur toute la terre et chez tous les peuples, mais ce mot exprime qu'elle enseigne partout la même croyance, la même doctrine, les mêmes pratiques.

Elle est *apostolique,* c'est-à-dire enseignée par les apôtres. Notre doctrine étant révélée, nous ne pouvons l'accepter que de ceux qui nous sont envoyés par Jésus-Christ pour nous l'enseigner ; et nous n'appelons pasteurs légitimes que ceux dont la mission, par une succession non interrompue, vient directement des apôtres.

Enfin, elle est *romaine*, parce que nous considérons le siége de Rome, comme le centre d'unité de notre foi, et le pontife qui y réside comme le successeur de saint Pierre, le vicaire de Jésus-Christ, le chef de la chrétienté. L'Eglise de Rome jouit à nos yeux de cette prérogative, parce que dans cette ville fut établi le siége de saint Pierre auquel Notre-Seigneur Jésus avait donné la suprématie en l'instituant le pasteur de tout son troupeau. Et les conditions de catholicité et d'apostolicité ne se trouvent réunies que dans une Eglise, dont le chef réside à Rome. Ce chef est indispensable, car dans toute société, il faut une autorité.

Le pape est le représentant de cette autorité indispensable. De l'unité dérive l'*autorité*, devant laquelle nous nous inclinons. L'Eglise a reçu de Jésus le pouvoir et la mission de décider de la doctrine, de régler l'usage des sacrements, de faire des lois ecclésiastiques. En disant : *Allez et enseignez toutes les nations*, il a voulu que cet enseignement embrassât toutes les questions qui intéressent la religion. Cette autorité absolue exige l'unité sous peine de dissolution.

Nous revendiquons aussi l'*infaillibilité*, que nous croyons être un dogme fondamental de l'Eglise universelle, et qui vient sanctionner et soutenir efficacement ceux de l'unité et de l'autorité, en leur donnant leur force et leur raison d'être.

Avec de telles croyances, notre Eglise est un édifice immense, mais compact, dont toutes les parties sont solidaires entre elles, et dont la papauté forme la clef de voûte.

C'est contre lui que ne prévaudront pas les portes de l'enfer ! Ebranler une de ses pierres, c'est vouloir tout détruire ; renier un des dogmes, c'est se séparer à jamais de l'unité, secouer l'autorité, méconnaître l'infaillibité, n'être plus de l'Eglise ! Les faits historiques, envisagés sans parti-pris d'hostilité, nous présentent toujours la papauté revêtue d'un caractère de bienfaisance pour l'humanité. Elle révèle à l'homme sa dignité morale, affranchit l'intelligence, et délivre l'esclave de ses fers. Elle s'interpose entre le peuple opprimé et le tyran persécuteur. Elle oppose une digue à l'invasion de la barbarie dans les premiers siècles ; son rôle de médiation s'accomplit par la seule force de la supériorité morale et intellectuelle.

Mais pourquoi, dit-on souvent, à cette force l'adjonction de la force matérielle ! pourquoi, comment, de quel droit le pouvoir temporel? On en connaît l'origine incontestablément légitime, les donations de Pepin-le-Bref, de Charlemagne, et de la comtesse Mathilde. Cette donation politique consacrant son existence extérieure, régularisa et sanctionna son action bienfaisante. L'indépendance du pape était un besoin pour la société déchirée par mille luttes sanglantes, vestiges de la barbarie triomphante. Mais nous verrons que cette puissance était de fait bien antérieure aux monarques francs, et que leur donation ne fut en réalité qu'une restitution.

Et si les papes se sont trouvés mêlés aux questions politiques, s'ils ont oublié, comme on l'a dit, l'objet humble et pacifique du christianisme, il n'en faut accuser ni l'institution, ni les hommes, mais toute l'Europe, rois, empereurs, seigneurs et serfs, qui venaient réclamer leur intervention, invoquer leur suprême arbitrage. Ce sont les peuples, et non les papes, qui ont fait, pendant tout le moyen âge, de Rome le tribunal sacré au pied duquel chacun allait déposer ses plaintes et discuter ses prétentions. Il n'y a donc pas eu *usurpation*, comme on l'a dit, car le pouvoir du souverain pontife n'a été que la consécration d'un fait légitimé par les événements, nécessaire aux besoins des nations. L'arme terrible de l'excommunication protégea toujours les peuples contre la tyrannie. Dans les temps plus rapprochés de nous, la papauté est encore le lien politique de l'Europe. Son action et son pouvoir sont encore tellement nécessaires, que toutes les royautés semblent intéressées au mantien de cette royauté qui parait si précaire et si fragile. Est-elle menacée, les puissances qui semblent devoir lui être le plus opposées accourent pour la défendre. Elle ne se transmet pas dans une famille de père en fils ; il n'y a là qu'un vieux prêtre italien qu'on peut chasser, tuer, mais sa royauté n'en resterait pas moins vivace, et enracinée au sol de l'Europe. Pie VII disait : « Mes précautions étant prises pour que l'on me nomme un successeur, je puis abdiquer, et vous n'aurez plus entre les mains qu'un pauvre moine »

Voici, au point de vue politique, ce que Napoléon pensait de la papauté. A propos du rétablissement de la religion, en France, lors du concordat, il disait : « Oui, sans doute, il me faut un pape, mais il me faut un pape qui rapproche au lieu de diviser, qui réconcilie les esprits, les réunisse, les donne au gouvernement sorti de la révolution, pour prix de la protection qu'il en aura obtenue. Et pour cela, il me faut le vrai pape catholique, apostolique et romain, celui qui siége au Vatican. »

L'institution qui maintient l'unité de la foi, c'est-à-dire, le pape gardien de l'unité catholique, est une institution admirable. On reproche à ce chef d'être un souverain étranger. Ce chef est étranger en effet, et il faut en remercier le ciel. Quoi! dans le même pays, se figure-t-on une autorité pareille à côté du gouvernement de l'Etat? Réunie au gouvernement, cette autorité deviendrait le despotisme des sultans ; séparée, hostile peut-être, elle produirait une rivalité affreuse, intolérable. Le pape est hors de Paris, et cela est bien. Il n'est ni à Madrid, ni à Vienne, et c'est pourquoi nous supportons son autorité spirituelle. A Vienne, à Madrid, on est fondé à en dire autant... On est donc trop heureux qu'il réside hors de chez soi, et qu'en résidant hors de chez soi, il ne réside pas chez des rivaux, qu'il habite dans cette vieille Rome, loin de la main des empereurs d'Allemagne, loin de celle des rois de France et d'Espagne, tenant la balance entre ces souverains catholiques... Ce sont les siècles qui ont fait cela, et ils ont bien fait !

Nous avons laissé Napoléon après le 13 vendémiaire ; nous le retrouvons général en chef en Italie. Là, il dira aux curés de Milan : « De toutes les religions, il n'y en a pas comme la catholique qui s'adapte aux diverses formes de gouvernement... Moi aussi, je suis philosophe, et je sais que, dans une société quelle qu'elle soit, nul homme ne saurait passer pour vertueux et juste, s'il ne sait d'où il vient et où il va. La simple raison ne saurait nous fixer là-dessus. Sans la religion, on marche continuellement dans les ténèbres, et la Religion catholique est la seule qui donne à l'homme des lumières certaines sur son principe et sa fin dernière ! »

« A son retour d'Egypte, ses sentiments n'avaient pas changé (c'est le cardinal Fesch qui parle). Je vins le rejoindre ici, en Italie, et tout d'abord il me dit : « Mon oncle, il faut que demain je livre la bataille (car il calculait tout à l'avance, comme si les événements eussent été sous sa conduite) ; si je la perds, le chemin des Alpes m'est fermé. Je prends avec moi le reste de mes braves, et je rentre en France par l'Allemagne. Mais si je gagne la première bataille, le lendemain je traverse le Pô, et je suis en état d'en gagner une seconde. La route nous reste ouverte, et alors, mon oncle, mon premier soin sera de rétablir en France le culte catholique. Quels sont les cardinaux qui se rencontreront devant moi ? » Je lui en citai deux ou trois : aujourd'hui, ma mémoire ne me fournit plus leurs noms. « Eh bien ! me dit-il, vous irez les trouver ; vous leur direz mes intentions, et leur ferez des propositions convenables. S'ils ont l'intelligence de leur temps et de leur situation, ils consentiront sans peine à un arrangement. Alors la religion rentre en France avec nous, mais dans de telles limites, il le faut... et les philosophes de France n'auront rien à dire !... D'ailleurs, pour eux, j'ai mon épée ! »

Cette puissance que Napoléon défendit avec tant d'é-nergie, et qu'il devait plus tard attaquer, cette puissance temporelle du pape qui, à travers les bouleversements dynastiques, les changements gouvernementaux des autres pays, semble planer immuable, malgré sa fai-blesse relative, au-dessus des destinées de l'Europe ; cette puissance, pure et irréprochable dans sa source, a été sanctionnée par le temps, et semble sauvegardée par une constante intervention divine.

Pendant les premiers siècles, à l'époque des persé-cutions, lorsque l'Eglise était encore cachée dans les catacombes, les fidèles de tous les pays vénéraient déjà Rome comme le centre de la catholicité. Tous les regards étaient dirigés vers elle, car vers elle convergeaient toutes les aspirations, tous les désirs, et d'elle venaient les bienfaits tant spirituels que matériels. Pour répandre les derniers, il fallait qu'elle possédât ; d'antiques et ir-récusables témoignages en font foi. Grâce aux libéralités de personnes pieuses, elle était propriétaire de grandes richesses mobilières, et d'immeubles dont les revenus servaient aux papes à répandre leurs bienfaits. Cette propriété était reconnue en droit par les princes païens qui dominaient à Rome. Constantin proclamant la reli-gion du Christ, fit restituer à l'Eglise les biens qui lui appartenaient ; mais sa munificence à son égard se tra-duisit aussi par de nombreuses donations, par des fon-dations d'églises bâties sur tous les points de l'Empire, et auxquelles il attacha des revenus considérables. Ses successeurs l'imitèrent, et bientôt ces richesses, dès lors appelées patrimoine de Saint-Pierre, devinrent très-considérables. Les domaines appartenant à l'Eglise n'étaient sans doute pas régis, comme le sont les nations, par un souverain ; mais ce droit incontesté de propriété prépara celui de souveraineté d'une manière insensible, et pour ainsi dire fatale. L'Eglise, propriétaire de territoires très-étendus et de véritables principautés dans diverses régions de l'Italie et ailleurs, reconnut toujours la souveraineté temporelle des empereurs résidant à Constantinople, même au delà de l'époque où, grâce à l'affaiblissement de l'empire, ils ne purent plus sauvegarder les intérêts matériels de l'Italie. Lors de l'invasion des barbares; lorsqu'Attila et Genséric menaçaient Rome, lorsque Odoacre assit sa royauté sur les débris de l'empire d'Occident, que Théodoric avec les Goths le supplanta, pour faire place aux Lombards, ce fut la papauté seule qui eut la force de protéger Rome. Aussi, était-ce avec elle que traitaient les rois barbares, vers elle que se réfugiaient les populations vaincues et dispersées. Depuis longtemps, le pape était traité en roi par les conquérants comme par les populations indigènes. Cette royauté existait de fait avant qu'aucun acte ne l'eût consacrée. C'était une souveraineté tacitement déléguée par les peuples, reconnue par les empereurs de l'Orient, involontaire, mais réelle et nécessaire. L'Italie, délaissée par les empereurs grecs, secoua leur joug devenu à la fois tyrannique et impuissant, pour se donner aux papes, ses vrais protecteurs. Les Pontifes romains, loin d'usurper un pouvoir illégitime, repoussèrent celui qui s'offrait à eux comme une nécessité de leur position. Souvent, ils s'efforcèrent de faire rentrer les Romains dans l'obéissance due aux empereurs grecs. Tel était l'état des choses, lorsqu'en 741, Luitprand, roi des Lombards, assiégea Rome, et la réduisit aux dernières extrémités. Le suzerain naturel, l'empereur de Constantinople, au lieu de venir au secours de la ville, envoie en Italie une flotte considérable, destinée à saccager Rome et plusieurs villes, en punition de leur attachement au culte des images. Le commandant de la flotte avait ordre de saisir le pape, et de le conduire pieds et poings liés à Constantinople. L'exécution de ces projets ne fut empêchée que par la destruction de la flotte dispersée près de Ravenne par une furieuse tempête. Pour se venger, l'empereur accable l'Italie de nouveaux impôts, et fait saisir les domaines de l'Eglise romaine en Calabre et en Sicile.

Ce stupide empereur, cet iconoclaste forcené, Léon III l'Isaurien, brisait ainsi les derniers liens qui pouvaient rattacher Rome à sa souveraineté. Ce fut alors que le pape invoqua le secours des Francs, et fit appel à l'épée de Charles-Martel.

Ce Léon III, issu d'une famille fort obscure, n'avait reçu aucune éducation. Des liaisons contractées pendant sa jeunesse avec des Juifs et des Sarrasins, lui avaient de bonne heure inspiré l'aversion du culte des images qu'il qualifiait d'idolâtrie. A l'instar de ses prédécesseurs, il voulut employer son autorité dans les questions religieuses, et, abusant du pouvoir, il devint hérésiarque et persécuteur. « Je veux, dit-il au sénat assemblé, abolir l'idolâtrie qui s'est introduite dans l'Eglise. Les images de Jésus-Christ, de la Vierge et des Saints sont autant d'idoles auxquelles on rend des honneurs dont Dieu est jaloux. En qualité d'empereur, *je suis le chef de la religion ainsi que de l'Empire*, et il m'appartient de réformer les abus. En conséquence, j'ai dressé un édit pour purger les églises de cette superstition sacrilége ! »

Cette déclaration contenait un principe erroné, dont l'application ne tarda pas à soulever les plus désastreuses conséquences. Le patriarche Germain confond ses arguments ; il s'emporte, frappe au visage ce respectable et saint vieillard, le fait arracher de son siége, et ses soldats y installent de force un diacre corrompu, Anastase, qui lui avait vendu sa foi et sa confiance. Il continue à poursuivre tous les opposants. Mettant au service de son fanatisme ignorant la force matérielle, il proscrivait, emprisonnait, écartelait, et martyrisait de toutes les façons les prêtres et les fidèles qui refusaient de souscrire à son édit. Il fit brûler vifs tous les moines d'une basilique ; on environna l'édifice d'un amas de bois sec et de matières combustibles, et on y mit le feu. Des gardes postés aux issues en défendaient le passage, et, dans sa grossière férocité, l'empereur détruisit avec les religieux leur trésor de trente-six mille volumes. Il persécuta de la même façon ses sujets d'Italie. Le pape lui répondait : « Vous savez que la décision des dogmes de la foi n'appartient pas aux empereurs, mais aux évêques qui doivent les enseigner librement. C'est pourquoi les évêques préposés au gouvernement de l'Eglise, ne se mêlent pas des affaires publiques. Que les empereurs ne se mêlent donc pas des affaires ecclésiastiques, et se bornent à celles qui leur sont confiées. Comme l'évêque n'a pas le droit d'étendre son inspection sur le palais, et de donner des dignités royales ; ainsi l'empereur ne doit pas étendre la sienne sur les églises, ni s'ingérer de faire les élections dans le clergé, de consacrer, ou d'administrer les sacrements, ou même d'y participer sans le ministère du prêtre. Il faut que chacun de nous demeure dans l'état où Dieu l'a appelé. »

On voit, d'après ces paroles si dignes, que loin d'usurper le pouvoir temporel et d'empiéter sur les droits de l'Empereur, la papauté reconnaît ce pouvoir, et sanctionne le maintien des deux puissances séparées, se contentant de revendiquer l'intégrité de la sienne.

Le roi lombard Luitprand, en évacuant la ville de Putri, déclara la remettre et en faire don à saint Pierre et à saint Paul, c'est-à-dire à l'Eglise Romaine, et cette donation est une des sources du pouvoir temporel. L'ascendant du caractère, la position des papes, l'affection des peuples, l'abandon des empereurs, avaient déjà confondu, dans la personne du pontife, les dignités de prince et de pape. La mort de Charles-Martel, celle du pape empêchèrent l'intervention des Francs d'avoir lieu. Mais plus tard, les mêmes luttes se renouvelèrent. Déjà, l'ambassade députée vers Charles-Martel disait : « Qu'en vertu d'un décret adopté par les seigneurs de Rome, le peuple romain, *renonçant* à la domination de l'Empereur, suppliait Charles de prendre sa défense, et avait recours à sa protection invincible. » Ainsi Rome, abandonnée par ses protecteurs naturels, menacée d'un côté par les Lombards, de l'autre par l'invasion de l'islamisme, se vit contrainte de se soustraire à la domination impériale, et sanctionna le fait de la souveraineté de son pontife. Elle devait l'être d'une façon encore plus irrécusable à la suite de l'intervention franque.

Sous le pontificat d'Etienne II, le roi lombard Astolphe, après s'être emparé des possessions impériales en Italie (l'exarchat de Ravenne,) se jette sur Rome. Sentant son impuissance, l'empereur Grec s'adresse au pape lui-même (reconnaissant ainsi son autorité), et le supplie de prendre en main les intérêts de l'Italie et des peuples réduits au désespoir. C'est alors que le pape se rendit en personne à la cour de Pépin. Celui-ci s'engagea solennellement, par un acte formel de donation signé de lui et de ses fils, à faire rendre et restituer au Saint-Siége toutes les villes et territoires usurpés par les Lombards. Ce mot de *restitution* ne renfermait-il pas, d'une façon absolue, l'idée de possession antérieure, et de droit à la souveraineté? L'empereur de Constantinople envoya à Pépin des ambassadeurs, pour réclamer les provinces conquises. Le monarque franc répondit que ce n'était pas pour les Grecs, mais pour saint Pierre, que les Francs avaient versé leur sang. Depuis lors, les papes agirent et parlèrent officiellement en souverains. Cette souveraineté, désormais incontestée, était toujours menacée par le voisinage des Lombards. Il appartenait à Charlemagne de l'affranchir, et de la consacrer d'une façon définitive. Adrien Ier, vivement pressé par Didier, roi des Lombards, s'adresse à Charlemagne qui, après avoir inutilement épuisé la voie des négociations, se décida à franchir les Alpes ; il bat Didier à Pavie, le fait prisonnier, et détruit la monarchie Lombarde. Puis, confirmant la donation de son père, il se rend à Rome, et fait au pape de nouvelles concessions, beaucoup plus vastes que celles de Pépin, jurant de conserver au saint Père les états qui lui étaient solennellement restitués.

Telles sont les origines historiques de cette souveraineté tant contestée. On voit qu'aucune monarchie ne repose sur des bases plus légitimes et plus inattaquables. Au nom de la foi, et en nous appuyant sur les principes évangéliques, nous ne pouvons certainement pas revendiquer la royauté pour le pontife romain ; mais si l'on nous demande pourquoi nous voulons qu'il reste roi, nous répondrons : Parce qu'il est impossible qu'il ne le soit pas. S'il n'est pas roi, il sera sujet ; il n'y a pas de moyen terme. Or, s'il est sujet, ses actes seront entravés par la puissance dont il dépendra ; et même dans l'ordre spirituel, ils pourront être dictés par la force, arrachés par la tyrannie et l'oppression. Reportons-nous aux fureurs de Léon l'Isaurien, et nous verrons ce qu'un pape sujet d'un pareil despote aurait à souffrir dans l'exercice de ses fonctions ecclésiastiques. Quelle autorité pourraient avoir aux yeux des fidèles des prescriptions religieuses émanées d'un pape qui ne serait pas ou que l'on ne croirait pas libre ? S'il a le courage de résister aux injonctions du souverain, il sera persécuté ; s'il cède à l'abus de la force ou achète le repos par de lâches concessions, ses décisions seront celles d'un chef d'état et non celles d'un chef de l'Eglise. Il sera forcément ou martyr ou instrument passif entre les mains d'un maître. Et alors, que devront penser et faire les fidèles qui, le considérant comme le vicaire de Jésus-Christ, s'en rapportent à sa parole ? Que d'hésitations, de dissidences, de schismes dans l'Eglise !

L'histoire est là pour nous le prouver. Toutes ces luttes sanglantes provoquées par les questions religieuses nous montrent que l'unité dans la foi est la condition essentielle de la paix, et que l'unité ne s'obtient qu'avec l'autorité du chef qui ne peut l'exercer que par son indépendance. En admettant que le pape, simple évêque de Rome, dépende d'un souverain et soit sujet, quelle sera la puissance qui, à l'exclusion des autres, aura le privilége de posséder un pareil sujet ? Il faudrait, pour que cela fût réalisable, une entente dont l'histoire ne nous offre pas d'exemple.

Qu'aucune puissance étrangère ne gouverne Rome, que Rome ait sa constitution indépendante et se régisse elle-même, la difficulté n'en subsiste pas moins. Evêque de cette ville, le pape y sera soumis à l'autorité du parti dominant, et ne jouira pas de cette indépendance que nous cherchons. L'histoire est encore là pour nous montrer ce que les factions ont produit pendant le dixième siècle, lorsqu'élevant sur le Saint-Siége, au gré de leurs ambitions et de leurs intérêts, des créatures à elles, elles ont affligé la chrétienté par le spectacle d'une série de papes scandaleux et indignes. Cette combinaison est celle qui, de toutes, a produit les plus déplorables résultats. Il semble donc nécessaire que le pape soit souverain pour sauvegarder les intérêts de notre conscience. L'établir hors de Rome est, on le comprend bien, déplacer la question sans la résoudre.

Enfin, on dit parfois, tout en reconnaissant le rôle de médiation politique et de civilisation de la papauté pendant le moyen âge, que ce rôle est devenu inutile, puisque le clergé n'est plus l'unique détenteur des lumières, et que la royauté dès lors n'est plus nécessaire. On se trompe, elle est plus nécessaire que jamais, car le clergé, par son appauvrissement, exerçant moins d'influence dans les questions générales qui intéressent l'humanité et la civilisation, et ne dictant plus les grands principes sociaux, ne peut cependant pas abdiquer toute influence morale, et si son chef était sujet, il serait annihilé, absorbé dans la machine gouvernementale. Ses membres, relégués au rang de simples fonctionnaires stipendiés, subiraient les caprices de toutes les administrations, seraient à la remorque de toutes les variations ministérielles. Dès lors, plus de règle, plus d'unité, plus d'enseignement fixe, plus de principes immuables. A quelle croyance s'arrêteront les fidèles qu'ils sont chargés d'instruire et de catéchiser? Ils pourraient tomber dans l'état de servitude dégradante, où végètent les papas grecs, et les popes russes qui, ayant un traitement insuffisant pour faire vivre leur famille, se font généralement cabaretiers, dépendant ainsi non-seulement du gouvernement, mais des autorités locales, des propriétaires influents, et, ce qui plus est, de leur clientèle journalière d'ivrognes.

Ces idées, à peine esquissées et présentées d'une façon incomplète, se retrouvent dans toutes les paroles de Napoléon que nous aurons l'occasion de citer.

IX. — LE CONCORDAT. — LE COURONNEMENT.

Nous avons vu ce que le premier consul osa faire en faveur de la religion ; mais son plus beau titre à la reconnaissance de la postérité, à celle de toutes les ames chrétiennes, c'est le concordat de 1801.

On sait que Pie VI, enlevé par les Français, était mort captif à Valence. Mais il faut reprendre les événements d'un peu plus haut. Lorsque éclata la révolution française, sous le pontificat de Pie VI, Rome tressaillit lorsqu'on vit les ordres religieux abolis ; les domaines ecclésiastiques incorporés à ceux de l'Etat, et le clergé soumis à une constitution civile. Pie VI voulut être conciliant et modéré, mais la populace romaine ne le fut pas. Basseville, secrétaire de la légation française à Naples, traversant Rome, excita les murmures à cause de sa cocarde tricolore. Il se réfugia dans la maison d'un banquier, qui ne put le soustraire à la rage de ses ennemis. Il y fut frappé par un perruquier d'un coup de rasoir dans le ventre, et mourut presque aussitôt. Les furieux se dirigèrent vers l'hôtel du consul de France, qu'ils pillèrent et brûlèrent ainsi que l'Académie. La république, outragée dans son représentant, joignit à Avignon et au Comtat, déjà réduits en départements français, les légations de Ferrare, de Bologne et de Ravenne ; puis un traité de paix assurant aux Français droit de garnison dans Ancône, la remise de trente millions de francs, et d'une foule d'objets d'art, fut signé à Tolentino.

Peu de temps après, un événement déplorable vint rompre les bonnes relations qui commençaient à s'établir. Le général français Düphot excitait la population romaine à la révolte, et, à la tête de l'émeute, il s'avança vers un soldat pour le désarmer. Celui-ci le tua. Ce fait, il est vrai, a été rapporté d'une manière différente. Quoi qu'il en soit, l'ambassadeur français quitta Rome, et se retira à Florence. Le Directoire envoya le général français Berthier envahir le territoire pontifical. Il entra dans Rome, et y proclama la république. Pie VI exilé fut conduit à Siennes, à Florence, enfin à Valence en Dauphiné. Accueilli sur son passage par des marques de respect, le malheureux pontife était alors très-souffrant. Son corps était couvert de plaies, et, de Grenoble à Valence, il fallut le soulever avec des sangles pour le placer dans sa voiture. Lorsqu'il fut arrivé à Valence, un vomissement violent, précurseur de sa mort, l'avertit qu'il n'aurait plus longtemps à souffrir. Il pria pour ses ennemis, pour le bonheur de la France, et expira le 29 août 1799. Les agents du Directoire le laissèrent inhumer dans la sépulture commune, et le chef du monde catholique ne dut un tombeau qu'à la compassion d'un protestant. Nous avons vu que Napoléon fit ce qu'il put pour effacer les taches de son pays et réparer ses erreurs. C'était un triste héritage que Pie VI léguait à son successeur. Il s'était écrié : « Mes peines corporelles ne sont rien en comparaison des peines de mon cœur ! Les cardinaux et les évêques dispersés ! Rome... mon peuple ! L'Eglise ! l'Eglise ! voilà ce qui nuit et jour me tourmente. En quel état vais-je donc les laisser ? » Ce fut le cardinal Barnabé-Louis-Chiaramonti, moine bénédictin, ensuite évêque de Tivoli, puis d'Imola, qui fut sacré au conclave réuni à Venise. Il s'était rendu célèbre par une homélie, où il établissait la compatibilité de l'Eglise catholique avec le système républicain. Entré dans cette voie de conciliation, il allait au-devant des vœux de Bonaparte qui venait de franchir les Alpes, et de se rendre maître des destinées de l'Italie par la bataille de Marengo. Un touchant épisode se rattache à ce grand fait militaire. Nous le rapporterons, car si les événements grandioses font admirer le héros, les détails qui se cachent dans l'ombre nous font connaître l'homme, et c'est à l'homme que nous nous attachons. Le grand Saint-Bernard présentait à l'armée française son inaccessible rempart de roches qui surplombent avec des gorges qui semblent impénétrables, et des précipices sans fond. Entre les escarpements et l'abîme, un sentier raide, inégal, suspendu au-dessus des torrents, un sentier glissant et étroit s'offre devant elle. Napoléon a voulu que l'armée le suivit, et l'armée démonte ses canons, ses forges, ses caissons. Des traîneaux sont faits à la hâte, et les soldats s'élancent en criant : « Vive le premier consul ! » Le drapeau tricolore est arboré au sommet du grand Saint-Bernard. Les soldats s'étaient attelés, cent hommes par pièce à leurs canons. Napoléon lui-même arrive à la cime, et, ému par la majesté de cette grande scène, de cette grande action, il consacre son souvenir par des fondations pieuses. Un jeune guide racontait naïvement au héros ses rêves d'avenir : un châlet de telle forme, un champ de telle grandeur, un troupeau de tel revenu. A son retour au canton, le jeune pâtre trouva ses rêves réalisés, le châlet était bâti.

Après Marengo, cinq jours après seulement, Napoléon disait au cardinal Martiniana, évêque de Verceil, que son intention était de bien vivre avec le pape, et de traiter avec lui pour le rétablissement de la religion en France. Ainsi, il n'avait pas oublié sa conversation avec son oncle le cardinal Fesch, et il tenait scrupuleusement sa parole.

Pie VII accueillit ces ouvertures avec une grande joie, et, de part et d'autre, les ministres furent délégués pour poser les bases du futur concordat. Pour ceux qui ne verront dans ce traité qu'une simple question politique, nous rappellerons les paroles de Napoléon. Il envoya à Rome, comme ministre plénipotentiaire, M. Cacault, dont il estimait les vertus, le désintéressement et la franchise. Le ministre, en prenant congé de lui, lui demanda comment il fallait traiter le pape : « Traitez-le comme s'il avait deux cent mille hommes. » Et il ajouta : « Vous savez qu'au mois d'octobre 1796, je vous écrivais combien j'ambitionnais plus d'être le sauveur du Saint-Siége que son destructeur, et que nous avions tous deux, vous et moi, à cet égard, des principes conformes. » Voici qui est plus concluant : citons encore le cardinal Fesch : « Un jour le télégraphe annonce qu'un émissaire de Pitt vient de descendre à Boulogne, et qu'il sollicite l'autorisation de se rendre à Paris pour transmettre au gouvernement des communications fort importantes. C'était un certain Marseria, corse de nation, qui avait fait ses études pour être prêtre : puis, il avait jeté le froc aux orties avant son ordination, avant même d'avoir reçu le diaconat. Admis à l'audience du premier consul, il commença par prendre caractère : « Je suis, dit-il, porteur de lettres de Pitt. — Mon cher Marseria, interrompit le premier consul, gardez vos lettres que je ne veux pas même voir. Je vous reçois avec plaisir comme compatriote, mais non à titre d'envoyé. » Marseria reprit : « Vous vous faites une idée exagérée, injuste, des prétentions de l'Angleterre à votre égard. L'Angleterre n'a rien contre vous personnellement. Elle ne tient pas à la guerre qui la fatigue et la ruine. Elle en achètera même volontiers la fin au prix de concessions que, sans doute, vous n'espérez pas ; mais pour nous donner la paix, elle vous impose une condition, une seule, c'est que vous l'aidiez à l'établir chez elle. — Moi ! Eh ! qu'ai-je à faire en Angleterre ? Ce n'est pas mon rôle, je suppose, d'y mettre la concorde, et d'ailleurs, je ne vois pas comment je le pourrais. — Plus aisément que vous ne pensez, continua Marseria en pesant ses paroles. L'Angleterre est déchirée de discordes intestines. Ses institutions se minent peu à peu, une sourde lutte la menace, et jamais elle n'aura de tranquillité durable tant qu'elle sera divisée entre deux cultes. Il faut que l'un des deux périsse ; il faut que ce soit le catholicisme. Et pour aider à le vaincre, il n'y a que vous. Établissez le protestantisme en France, et le catholicisme est détruit en Angleterre. Établissez le protestantisme en France, et, à ce prix, vous avez une paix telle assurément que vous la pouvez souhaiter. — Marseria, dit Napoléon, rappelez-vous ce que je vais vous dire, et que vous pouvez rapporter comme ma réponse. *Je suis catholique et je maintiendrai le catholicisme en France*, parce que c'est la vraie religion, parce que c'est la religion de l'Eglise, parce que c'est la religion de la France, parce que c'est celle de mon père, parce que c'est la mienne enfin, et loin de rien faire pour la détruire ailleurs, je ferai tout pour la raffermir ici ! — Mais remarquez donc, reprit vivement Marseria, qu'en agissant ainsi, en restant dans cette ligne, vous vous créez des chaînes invincibles, vous vous créez mille entraves. Tant que vous reconnaîtrez Rome, Rome vous dominera ; les prêtres domineront au-dessus de vous ; avec eux, vous n'aurez jamais raison à votre guise ; le cercle de votre autorité ne s'étendra jamais jusqu'à sa limite absolue et subira au contraire de continuels empiétements. — Marseria, il y a ici deux autorités en présence : pour les choses du temps, j'ai mon épée, et elle suffit à mon pouvoir ; pour les choses du ciel, il y a Rome, et Rome en décidera sans me consulter. Elle aura raison, c'est son droit. — Mais, reprit de nouveau l'infatigable Marseria, vous ne serez jamais complètement souverain, même temporellemeut, tant que vous ne serez pas chef d'Eglise, et c'est là ce que je vous propose : c'est de créer une réforme en France, c'est-à-dire une religion à vous. — Créer une religion, répliqua Napoléon en souriant ; pour créer une religion, il faut monter sur le Calvaire, et le Calvaire n'est pas dans mes desseins. Si une telle fin convient à Pitt, qu'il la cherche pour lui-même, mais pour moi, je n'en ai pas le goût. »

Il y a dans ce dialogue, si intéressant à la fois et si authentique, le sentiment d'aversion que l'empereur eut toujours pour le protestantisme, la croyance à la divinité du Christ, et la soumission à la papauté. Il s'expliqua lui-même de la façon la plus péremptoire sur ces divers points. Voici d'ailleurs ce que M. Thiers dit du premier consul. « La constitution morale du général Bonaparte le portait aux idées religieuses : une intelligence supérieure est saisie, à proportion de sa supériorité même, des beautés de la création. C'est l'intelligence qui découvre l'intelligence dans l'univers, et un grand esprit est plus capable qu'un petit de voir Dieu à travers ses œuvres (pourvu bien entendu que les passions n'y mettent pas obstacle.) Le général controversait volontiers sur les questions philosophiques et religieuses avec Monge, Lagrange, Laplace, savants illustres qu'il honorait et qu'il aimait, et il les embarrassait souvent dans leur incrédulité par la netteté et la vigueur originale de ses arguments. À cela, il faut ajouter encore que, nourri dans un pays religieux, sous les yeux d'une mère pieuse, la vue du vieil autel catholique éveillait chez lui les souvenirs de l'enfance, toujours si puissante sur une imagination sensible et grande. Un jour, Bonaparte disait à Monge, celui des savants de l'époque qu'il aimait le plus : « Tenez, ma religion à moi est bien simple : je regarde cet univers si vaste, si compliqué, si magnifique, et je me dis qu'il ne peut être le produit du hasard, mais l'œuvre quelconque d'un être inconnu, tout-puissant, supérieur à l'homme autant que l'univers est supérieur à nos plus belles machines. »

À propos du concordat, M. Thiers dit encore : « Quant à la pensée de créer une Eglise française indépendante, à la façon de l'Eglise anglicane, il la trouvait aussi vaine que digne de mépris. Comment ! lui, homme d'épée, se ferait chef d'Eglise, espèce de pape réglant la discipline et les dogmes ! Mais on voulait donc le rendre aussi odieux que Robespierre, l'inventeur du culte de l'Être suprême, ou aussi ridicule que Lareveil-

lère, — Lepeaux, l'inventeur de la Théophilanthropie !
Quant à l'idée de pousser la France au protestantisme,
elle paraissait au premier consul plus que ridicule, elle
lui semblait odieuse. En outre, il n'y réussirait pas
davantage... Le mouvement des esprits portait vers le
rétablissement de toutes les choses essentielles dans une
société. La religion était la première. « Je suis bien
puissant aujourd'hui, disait-il ; eh bien! si je voulais
changer la vieille religion de la France, elle se dresserait
contre moi et me vaincrait ! » Il a répété plusieurs fois
(c'est le général Bertrand qui l'atteste) : « Je crois tout
ce que croit mon curé. » A Sainte-Hélène, il racontait
qu'on avait plusieurs fois fait des tentatives près de lui
pour l'engager à se déclarer chef de la religion en mettant de côté le pape. « On ne se bornait pas là, disait-il,
on voulait que je fisse moi-même une religion à ma
guise, m'assurant qu'en France et dans le reste du
monde j'étais sûr de ne pas manquer de partisans et de
dévots du nouveau culte. Que répondre à de pareilles
sottises? Un jour, cependant, que j'étais pressé sur ce
sujet par un personnage qui voyait là-dessous une
grande pensée politique, je l'arrêtai tout court : « Assez,
monsieur, assez! Voulez-vous aussi que je me fasse
crucifier ! » Et comme il me regardait d'un air étonné :
« Ce n'est pas là votre pensée, ni la mienne non plus.
Eh bien ! monsieur, c'est là ce qu'il faut pour la vraie
religion ! Et après celle-là, je n'en connais pas ni n'en
veux connaître une autre. »

Ces témoignages suffisent pour nous faire comprendre
la pensée intime de Napoléon, lorsqu'il posa les bases
du concordat. Le cardinal Consalvi, envoyé à Paris, y
fut parfaitement accueilli par le premier consul. Homme
d'esprit et de modération, le cardinal sut faire les con-

cessions que nécessitaient les circonstances. Il fut stipulé que la religion catholique, apostolique, romaine serait déclarée celle de la majorité des Français, ce qui était la constatation d'un fait. Mais malgré les exigences de plusieurs prélats romains, qui voulaient que la religion catholique fût déclarée religion de l'Etat, la tolérance et la protection furent assurées aux autres cultes. Le concordat stipulait que la religion catholique serait librement et publiquement exercée en France. Le clergé, uniquement voué aux fonctions du culte, salarié par le gouvernement, nommé par lui et confirmé par le pape ; une nouvelle circonscription des diocèses ; serment de fidélité prêté par les évêques ; la juridiction sur le clergé conférée au conseil d'Etat ; les acquéreurs de biens ecclésiastiques confirmés dans leurs possessions : telles étaient les principales clauses du traité signé à Paris, le 15 juillet 1801, par les représentants de la France et du Saint-Siége. Il était difficile, à Rome, de faire à l'esprit français de plus larges concessions. Il eût été plus difficile encore de n'en pas faire ; il les fallait sous peine de scission, de schisme. On voit quelles étaient les sollicitations, dont on obsédait le premier consul, pour le décider à se déclarer chef de la religion ou protestant. Il lui fallut du courage pour y résister, et le pape comprit qu'un esprit de conciliation pouvait seul tout sauver. C'est ce que ne comprirent pas beaucoup de Romains mécontents qui, dans un excès de zèle, désapprouvèrent ce qui avait était fait, accusant le Saint-Père de pusillanimité, lorsqu'il n'était coupable que d'un amour, à la fois ardent et éclairé, pour les intérêts de la religion. Quelques plaisants firent courir ce mauvais jeu de mots :

> Pio VI per conserver la fede,
> Perde la sede :
> Pio VII per conserver la sede
> Perde la fede.

Malgré ces dissensions, le Pape convoqua la congrégation des cardinaux pour leur soumettre le concordat, qui fut adopté par le sacré collége, et les relations continuèrent entre les deux puissances. Napoléon fit restituer au pape ses Etats, le remettant ainsi dans la situation où il se trouvait après le traité de Tolentino. Il lui fit rendre également les principautés de Bénévent et de Ponte-Corvo, occupées par les Napolitains. Voici ce qu'il écrit au ministre des affaires étrangères.

« Il est indispensable, citoyen ministre, de faire connaître au citoyen Alquier (ambassadeur à Naples,) qu'il est nécessaire que le Roi de Naples laisse jouir le Pape de l'intégrité de ses Etats, et qu'il est juste que Bénévent et Ponte-Corvo continuent d'être mis sur le même pied.   » Je vous salue.

(signé) Buonaparte.

» Paris, 2 prairial an X (22 mai). »

Comme le premier consul avait des troupes dans le royaume de Naples, il ne rencontra pas d'opposition. Ainsi la foi catholique, publiquement reconnue et rétablie, le clergé remis à la tête des affaires spirituelles, l'épiscopat renaissant avec le sacerdoce et constitué de façon à éviter un schisme, tels étaient les bienfaits du concordat. La révolution était frappée à mort, atteinte dans son endroit le plus sensible, car la haine des prêtres avait précédé celle des nobles et des rois. Cette haine, qui avait de longue main préparé les actes révolutionnaires, était née avec le philosophisme du XVIIIe siècle ; elle s'éteignait avec le catholicisme de Napoléon, assez fort pour imposer les opinions et les croyances. Cette force, il la devait à ses triomphes, il la devait aussi à ses bienfaits. Nous avons vu qu'il proclama le concordat signé déjà depuis quelques mois, et qu'il entraîna, malgré l'étonnement, les murmures, les oppositions, le peuple, l'armée, les généraux sous les voûtes de Notre-Dame, pour consacrer solennellement la réconciliation de la France avec ses souvenirs, avec le monde, avec Dieu. Le contre-coup de ce grand événement se fit ressentir à Rome. On l'y célébra aussi avec le déploiement de toutes les pompes ecclésiastiques. Le ministre résidant à Rome, M. Cacault, maintenait cette union, grâce aux talents diplomatiques qu'il savait mettre au service de son zèle pour le Saint-Siége, tout en faisant strictement respecter les intérêts et les droits de son pays. Dans ses moments d'expansion, le Pape lui disait : « Ami vrai, nous vous aimons comme nous avons aimé notre mère ! »

Cependant, quelques nuages obscurcissaient encore cette cordiale entente. Pie VII dit un jour au secrétaire d'ambassade. « A Paris, est-on franc ? Persiste-t-on, après avoir signé, dans le désir de rester en paix avec nous ? » Alors il chercha sur sa table, parmi un grand nombre de papiers, une feuille imprimée (c'est M. le chevalier Artaud qui parle.) Il la lut tout bas, puis il me la présenta, et me dit : « Voilà une proclamation faite en Egypte, où, en s'adressant aux Turcs, il y a deux ans, on assure qu'on a déjà chassé de Rome le vicaire de Jésus-Christ sur la terre. C'est s'accuser injustement et gratuitement. Cela n'est pas exact. Ce n'est pas par l'ordre du général que Pie VI a été enlevé ; on n'a pas été si cruel. Vous pensez bien, monsieur, que nos amis nous font connaître ces sortes de pièces, pour nous éclairer et nous aider à nous mieux conduire. » Cette pièce était un *faux Moniteur* imprimé sur un papier commun, que des malveillants avaient fait fabriquer, et qui était censé renfermer des actes relatifs à l'expédition de Bonaparte en Egypte. Je crus devoir répondre : « Votre Sainteté doit-elle faire attention à ce que des ennemis recueillent d'accusations contre le gouvernement consulaire ? »

Nous avons cité cet incident, grâce au témoignage non suspect de M. Artaud, qui n'était pas des amis de Napoléon. Ce faux Moniteur nous explique les calomnies répandues sur le général Bonaparte, voulant se faire musulman en Egypte, et autres sottises recueillies avec empressement, et distribuées au milieu des coteries de boudeurs. On peut être l'ennemi d'un homme, mais l'insulter par-derrière, surtout lorsqu'il est tombé, c'est l'action la plus vile et la plus ignominieuse. Ces libelles diffamatoires, obscurs chefs-d'œuvre de la haine impuissante, élaborés dans quelque misérable officine, ont été, il faut l'avouer, acceptés avec trop de complaisance ; mais les vrais royalistes, guidés par une sincère conviction et mus par un sentiment généreux et dévoué, ceux qui ont osé résister en face à l'ennemi sans transiger avec leur conscience, ceux-là repoussent la responsabilité de pareilles productions. L'homme qui sacrifiait tout à son effroyable ambition au dire de ses détracteurs, cet ogre de Corse qui mangeait les prêtres, aurait-il refusé les magnifiques conditions proposées par l'Angleterre en protestantisant la France, s'il eût été capable de se faire musulman ? De pareilles accusations tombent d'elles-mêmes. Elles sont odieuses, mais encore plus ridicules !

Le premier consul envoya comme présent au Saint-

Père deux bricks de guerre destinés à protéger son commerce. Ces deux bricks appelés, l'un le Saint-Pierre, l'autre le Saint-Paul, furent amenés à Civita Vecchia par le commandant Dornaldegny. La remise des bâtiments, munis de leurs agrès et complètement armés, fut faite dans ce port, avec toutes les formalités convenables. Le Pape envoya chercher les officiers français, et les fit traiter à Rome avec tous les égards possibles. Tous les Français demandèrent à être reçus par le Saint-Père. Il les accueillit avec la plus grande affabilité, leur distribua des chapelets, et exprima le désir de voir les matelots des bricks assister aux fêtes de Noël. Ils accoururent de Civita Vecchia, toujours bien traités d'après les instructions pontificales. Au moment de la cérémonie, un homme attaché au service du Pape fut chargé de les conduire dans l'église, près du maître autel. Voici ce que rapporte le chevalier Artaud. « La place qu'on leur destinait était si honorable, qu'on ne pouvait les introduire avant le commencement des fonctions (*funzioni*), puisqu'ils devaient être rangés devant les bancs où sont assis les généraux d'ordre et les protonotaires apostoliques, à quatre pas en arrière du banc des cardinaux diacres, mais sur la même ligne. Lorsque le célébrant parut à l'autel en face du grand trône du Pape, élevé le long des marches de porphyre qui conduisent à la chaire de Saint-Pierre, les matelots arrivèrent précédés de leur guide, et marchant un à un, sous la direction de leurs maîtres et contre-maîtres. Du haut de notre tribune, nous voyons leur contenance à la fois militaire et respectueuse. Parmi tous ces Provençaux et ces Bretons, il n'y en eut pas un seul qui eût pu préparer son esprit à se voir ainsi amené en face d'une assistance aussi solennelle et des plus admirables magnificences du culte catholique ; je puis assurer aussi qu'il n'y eut pas un seul de ces hommes qui ne sentît et ne montrât qu'il sentait la dignité de sa situation. Le comte de Cassini, chargé d'affaires russes, avait demandé la même faveur pour les matelots de la flotte impériale. Cette demande contraria Consalvi, mais il l'accorda. Ceux-ci, par des raisons que je ne connais pas, ne furent amenés que plus tard. Soit qu'on ne pût, soit qu'on ne voulût pas les mettre en arrière, ce qui aurait causé peut-être des inconvénients, on les rangea devant les matelots français. Il ne tarda pas, il est vrai, à se manifester entre les marins des deux nations une espèce de fusion fondée sur une estime réciproque. Quelques Français s'avancèrent bien pour n'être pas au second rang, et quelques Russes passèrent en saluant derrière les Français, mais tout le front se composait à peu près de Russes, dont l'immobilité était remarquable et paraissait devoir durer jusqu'à la fin de la messe. Le moment de l'élévation approchait. M. de Cassini, Piémontais et catholique, n'avait pas prévu que les Moscovites continueraient de rester immobiles. Les Français gênés par devant par des hommes de haute stature, et debout, ne faisaient aucun mouvement. Le Pape voyait très-distinctement la fausse position de ses hôtes, et l'approche d'un grand scandale, si tout ce premier rang, appartenant à un culte non réuni, restait ainsi debout sur le même rang que le sacré collége, déjà agenouillé devant ses bancs. Le prélat maître des cérémonies regardait cette scène d'un air stupéfait. Le cardinal Consalvi, avant de s'agenouiller, l'appelle et ne lui dit que ces mots : *Francesi si facciano avanti.* L'intendant des cérémonies marcha gravement les bras croisés vers le maître qui commandait le détachement français, et lui dit : « Ordonnez à vos hommes de vous suivre un à un ; vous me suivrez pas à pas, puis vous ferez comme moi. » Chaque Français avertit du coude et de l'œil le voisin qui doit marcher après lui. Lorsque le *ceremoniere* juge que cette petite conjuration télégraphique est connue du dernier matelot, il touche légèrement de la main le commandant, et marche le long de la colonne russe que notre détachement couvre peu à peu tout entière. Arrivé immédiatement sur la ligne des bancs des cardinaux diacres, *monsignor ceremoniere* s'arrête, et tombe à genoux. La ligne française, après avoir fait front, s'agenouille en même temps comme un seul homme. Alors les Russes, emportés électriquement par le mouvement, s'inclinèrent, et la cérémonie s'acheva avec toutes les convenances que pouvaient désirer les catholiques. On savait que le Pape avait invité les matelots français ; nous n'avions pas laissé ignorer l'aimable à-propos de sa réflexion sur les marins et sur les missionnaires, et toute la ville applaudit au sang-froid de Consalvi, et à son urbanité envers les invités de son souverain. »

On était loin de l'Etre suprême, et du culte de la Raison !

La ville de Valence avait demandé qu'on voulût bien lui envoyer les entrailles de Pie VI, pour qu'elles fussent déposées dans son église. Ce don devenait un nouveau gage de réconciliation. Les Français lui rendirent les honneurs militaires dus à un souverain. Monsieur Cacault écrivait : « Les sujets du Pape pleurent de joie de retrouver les Français aussi bons catholiques. Ils les voient avec acclamation reprendre leur rang de fils aînés de l'Eglise. Ils se tiennent maintenant assurés de la vie douce, tranquille et molle qu'ils aiment à mener sous la protection de la foi des Français et de l'épée du premier consul. Les anciens sentiments des peuples sont toujours les mêmes. Ce qui fut écrit dans l'ame, dès l'âge le plus tendre, ne saurait s'effacer, et c'est faire le plus grand plaisir aux hommes que de leur rendre ainsi la jouissance des contemplations et de la vénération pour ce qu'ils aiment à imaginer au-dessus d'eux et dont ils attendent protection. » Ces paroles devaient recevoir un triste démenti !

Pendant ce temps, la destinée de Napoléon grandissait. Nommé consul pour dix ans, puis consul à vie, il fit porter au sénat le tableau des dangers du pays, et le sénat répondit que la monarchie héréditaire pouvait seule sauver la France. Le tribunal délibéra sur la nécessité d'élever à l'Empire Napoléon Bonaparte et ses héritiers, et, le 18 mai 1804, l'empire fut proclamé. L'empereur demanda au Pape de venir le sacrer. Voici le résumé des titres de reconnaissance de l'Eglise vis-à-vis de l'Empereur exposés, dans une dépêche du ministre : « Les temples rouverts, les autels relevés, le culte rétabli, le ministère organisé, les chapitres dotés, les séminaires fondés ; vingt millions sacrifiés pour le paiement des desservants ; la possession des Etats du Saint-Siége assurée ; Rome évacuée par les Napolitains ; Bénévent et Ponte Corvo restitués ; Pesaro, le fort Saint-Léon, le duché d'Urbin rendus à Sa Sainteté ; le concordat italique conclu et sanctionné ; les négociations pour le concordat germanique fortement appuyées ; les missions étrangères rétablies ; les catholiques d'Orient arrachés à la persécution, et protégés efficacement auprès du Divan : tels sont les bienfaits de l'Empereur envers l'Eglise romaine. Quel monarque en pourrait offrir d'aussi grands et d'aussi nombreux dans le court espace de deux à trois ans?... » Et ailleurs : « Le culte a commencé à reprendre sa pompe extérieure, par l'effet des lois qui la permettent, et par les libertés particulières dont elle est l'objet. Toutes les institutions civiles ont été mises de nouveau sous le sceau de la religion. Les naissances, les mariages sont consacrés par ces solennités, et les pompes funèbres que l'on avait proscrites dans les temps où les usages les plus solennels et les plus touchants n'étaient plus respectés, ont été rétablies par la sagesse d'un gouvernement, qui cherche les moyens d'émulation pour la vertu jusque dans les derniers honneurs rendus à sa mémoire. »

M. de Talleyrand disait aussi : « Le voyage n'aura pas seulement pour objet le couronnement de Sa Majesté, les grands intérêts de la religion en formeront la partie principale. Ils seront agités dans les conseils mutuels de Sa Majesté et du Souverain Pontife. Les résultats de leurs délibérations ne pourront qu'être infiniment utiles aux progrès de la religion et au bien de l'Etat. »

L'empereur écrivit la lettre suivante :

« Très-saint Père,

» L'heureux effet qu'éprouvent la morale et le caractère de mon peuple par le rétablissement de la religion chrétienne, me porte à prier Votre Sainteté de me donner une nouvelle preuve de l'intérêt qu'elle prend à ma destinée, et à celle de cette grande nation, dans une des circonstances les plus importantes qu'offrent les annales du monde. Je la prie de venir donner au plus éminent degré le caractère de la religion à la cérémonie du sacre et du couronnement du premier Empereur des Français. Cette cérémonie acquerra un nouveau lustre, lorsqu'elle sera faite par Votre Sainteté elle-même. Elle attirera sur nous et nos peuples la bénédiction de Dieu, dont les décrets règlent, à sa volonté, le sort des empires et des familles.

» Votre Sainteté connaît les sentiments affectueux que je lui porte depuis longtemps, et par là elle doit juger du plaisir que m'offrira cette circonstance de lui en donner de nouvelles preuves.

» Sur ce, nous prions Dieu qu'il vous conserve, très-saint Père, longues années au régime et gouvernement de notre sainte mère l'Eglise.

» Votre dévot fils,

» NAPOLÉON.

» Cologne, le 15 septembre 1804. »

Ce voyage ne s'effectua pas tout de suite : d'une part, à Rome, beaucoup de cardinaux s'y opposaient ; de l'autre, à Paris, on détournait l'Empereur de ses projets. Irrité de ces obstacles, il s'écria : « Voyez l'insolence des prêtres qui, dans le partage de l'autorité avec ce qu'ils appellent le pouvoir temporel, se réservent l'action sur l'intelligence, sur la partie noble de l'homme, et prétendent me réduire à n'avoir d'action que sur le corps : ils gardent l'ame et me jettent le cadavre ! »

Ce mot violent, qui rappelle le Corse, n'est pas celui d'un incrédule. Dans un de ces moments d'irritation, il consulta M. de Fontanes, qui l'encourageait toujours dans ses pensées de religion. Apaisé par ses paroles, il révéla le fond de son ame en lui disant : « Il n'y a que vous ici qui ayez le sens commun ! »

Pendant le voyage, l'Empereur écrivit :

« Très-saint Père,

» J'ai appris avec une vive joie, par la lettre de Votre Sainteté datée de Turin, qu'elle était en bonne santé. Il me tarde d'apprendre de quelle manière elle a supporté le passage des montagnes. Je me flatte que, dans cette semaine, j'aurai le bonheur de la voir et de lui exprimer les sentiments que j'ai pour elle. Me rendant à mon palais de Fontainebleau, qui est sur la route, je me trouverai par cette circonstance en jouir plus tôt.

» Sur ce, je prie Dieu... etc., etc. »

On remarquera que, dans ses lettres, Napoléon, qui se considérait, ainsi que Clovis, Charlemagne et saint Louis, comme le fils aîné de l'Eglise, avait adopté la formule usitée par nos anciens rois. Le pape avait reçu partout sur sa route les témoignages du plus profond respect. Les précipices des Alpes avaient été garnis de parapets dans tous les endroits dangereux. Le 15 novembre, le Saint-Père arriva à Fontainebleau, à midi et demi. Il était très-fatigué. L'empereur, averti de son approche, avait été à sa rencontre. Six voitures de Sa Majesté arrivèrent. L'empereur monta le premier en voiture (suivant les usages de la politesse italienne), pour prendre sa place à gauche et mettre le Pape à sa droite. Ils entrèrent au château, au milieu d'une haie de troupes, et au bruit d'une salve d'artillerie. Le Pape, introduit dans ses appartements, s'y reposa, puis alla visiter l'Empereur et l'Impératrice. Etant ensuite revenu dans ses appartements, il y reçut la visite des ministres et des grands officiers. Un de ces ministres, le fameux Fouché, lui ayant demandé comment il avait trouvé la France, il répondit : « Béni soit le ciel, nous l'avons traversée au milieu d'un peuple à genoux. Que nous étions loin de la croire en cet état ! »

Quelqu'un ayant témoigné sa surprise de voir Sa Sainteté faire la première visite à l'Impératrice, Pie VII répondit avec une grande aménité : « Faisons encore

cela pour la France. Si nous avons des sujets de dis-
corde, que ce ne soit pas pour les questions d'étiquette.
Il y a moins d'étiquette en voyage qu'à Rome, vous le
savez bien ! »

A la couronne impériale sanctionnée par les vœux de
la nation, et le prestige de la gloire, il ne manquait plus
que la sanction religieuse. Pie VII la lui conféra solennellement, le 2 décembre. A neuf heures, Sa Sainteté
partit du palais des Tuileries pour se rendre à la métro-
pole. Le Pape fit son entrée dans l'église ; il était revêtu
d'une chape, la tiare en tête, et placé entre deux cardinaux diacres assistants, qui soutenaient les deux côtés
de la chape. Devant lui marchait le cardinal Antonelli.
Il était suivi d'un autre cardinal. Le Pape étant assis sur
son trône, dit les Tierces. Quand Napoléon et Joséphine
arrivèrent, la cérémonie commença. Lorsque Pie VII
demanda à l'Empereur, s'il promettait de maintenir la
paix dans l'Eglise de Dieu : *Profiterisne*, etc. ; d'une
voix ferme, Napoléon répondit : *Profiteor*. Au moment
de la cérémonie du sacre, Napoléon et Joséphine se
mirent à genoux au pied de l'autel. Le sacre fini, le Pape
récita l'oraison suivante : « Dieu tout-puissant et éternel, qui avez établi Hazaël pour gouverner la Syrie, et
Jéhu roi d'Israël en leur manifestant vos volontés par
l'organe du prophète Elie ; qui avez également répandu
l'onction sainte des rois sur la tête de Saül et de David
par le ministère du prophète Samuel, répandez par mes
mains les trésors de vos grâces et de vos bénédictions
sur votre serviteur Napoléon, que, malgré notre indi-
gnité personnelle, nous consacrons aujourd'hui empereur en votre nom ! »

Après l'oraison, où il est dit : « Le sceptre de votre
empire est un sceptre de droiture et d'équité, » Napo-

léon prit sur l'autel la couronne bénie par le pape, et la plaça sur sa tête ; il couronna aussi l'impératrice. Elle reçut la couronne à genoux. La musique impériale exécuta le *Te Deum*, puis les deux cortéges retournèrent aux Tuileries.

Que conclure de l'ensemble de ces faits, sinon que Napoléon incrédule n'eût pas renoué les relations brisées avec le Saint-Siége, qu'il n'eût pas voulu de concordat, et qu'enfin, empereur, il n'eût pas mis sa suprême dignité sous la sauvegarde de la religion. Dans tous ces actes, ne retrouvez-vous pas la trace des leçons de madame Letizia, et des religieux de Brienne ?

Cependant, le Pape n'obtint aucune concession au point de vue des affaires politiques. Il faut avouer que la situation de l'empereur vis-à-vis du pape, comme souverain, était difficile. Aussi dit-il, par l'organe du ministre des affaires étrangères :

« L'empereur a lu avec le plus vif intérêt le mémoire qui renferme diverses réclamations de Sa Sainteté sur les pertes que le Saint-Siége a éprouvées, depuis le milieu du dernier siècle jusqu'à ce jour. Les réflexions nobles et pieuses que le Saint-Père exprime en cette occasion ont redoublé pour lui la vénération de l'empereur. Les sentiments de confiance et d'affection que le Saint-Père manifeste envers l'empereur augmenteraient, s'il était possible, son amour et sa gratitude filiale.

» L'empereur a toujours pensé qu'il était utile à la religion que le souverain Pontife de Rome fût respecté, non-seulement comme chef de l'Eglise catholique, mais *encore comme souverain indépendant.* Dans tous les temps, l'empereur regardera comme un devoir de garantir les Etats du Saint-Père, et de lui procurer, dans les guerres qui pourront encore, à l'avenir, diviser les Etats chrétiens, une tranquillité entière et assurée. Le siècle qui vient de finir, et celui qui l'a précédé, ont été funestes à la puissance temporelle du Saint-Siége. La puissance spirituelle a reçu encore de plus fâcheuses atteintes. Dieu a permis qu'un grand nombre de peuples osât, avec succès, rompre tous les liens de l'obéissance, et parmi ceux qui n'ont pas été séparés, plusieurs ont écouté avidement les maximes qui tendaient à détruire tout sentiment de religion, et à ébranler même les principes de la morale humaine. Le désordre allait croissant, et tous les genres de mécréance étaient en honneur, lorsque Dieu, pour accomplir ses desseins, a suscité l'Empereur. Il a d'abord, par le crédit de son exemple, arrêté le torrent des opinions dominantes. Il a fait éclater hautement sa reconnaissance envers *Dieu l'auteur de ses victoires*, et à peine a-t-il été investi du suprême pouvoir, qu'il a ouvert les temples, relevé les autels. Par ses soins, trente millions de catholiques sont revenus à l'obéissance envers le chef visible de l'Eglise de Jésus-Christ! L'empereur rend grâce à Dieu d'avoir été choisi pour opérer un tel bien. Il voudrait aussi, par une considération personnelle pour le Saint-Père Pie VII, pouvoir contribuer à augmenter les avantages de son existence temporelle ; et il souhaiterait que Dieu voulût bien en faire naître l'occasion. L'empereur la saisirait avec plaisir ; mais il ne lui est pas permis de tirer cette conséquence du cours des événements passés, qui ne sont au pouvoir de personne, auxquels il n'a pas eu de part, et que Dieu a permis avant l'avénement au trône sur lequel a été élevé l'empereur. En l'investissant du pouvoir suprême, Dieu lui en a prescrit la mesure. L'empereur doit respecter les limites que Dieu lui-même a tracées, et il se trouve également engagé par les lois fondamentales de l'État et par la sainteté du serment solennel qu'il a prêté. La France a bien chèrement acheté la puissance dont elle jouit. Il n'est pas au pouvoir de l'empereur de rien retrancher à un empire qui est le prix de dix années de guerres sanglantes soutenues avec un admirable courage et des plus malheureuses agitations éprouvées avec une constance sans égale. Il lui est moins permis encore de diminuer le territoire d'un état étranger, qui en lui confiant le soin de le gouverner, lui a imposé le devoir de le protéger et n'a pas donné le droit de diminuer le territoire qu'il possédait, quand l'empereur s'est chargé de ses destinées. »

Napoléon, trouvant encore ces paroles trop faibles, dicta à M. de Talleyrand le paragraphe suivant qu'il fit intercaler dans le mémoire. Il faut le citer tout entier, car il nous exprime la pensée intime, et le sentiment véritable de l'empereur. Rapprochons-le des actes de violence qui, plus tard, affligèrent l'Église, et nous comprendrons que la volonté et surtout le cœur de Napoléon n'y eurent aucune part. Il faut en laisser tout l'odieux à des subalternes qui croyaient faire leur cour au maître, et soyons persuadé, que l'illustre proscrit était de bonne foi lorsque, parlant du pape, il disait à Sainte-Hélène : « C'était un bon vieillard que j'ai toujours bien traité. » Voici l'adjonction de Napoléon.

« Si Dieu nous accorde la durée de la vie commune des hommes, nous espérons trouver des circonstances où il nous sera permis de consolider et d'étendre le domaine du Saint-Père, et déjà aujourd'hui nous pouvons et voulons lui prêter une main secourable, l'aider à sortir du chaos et des embarras où l'ont entraîné les crises de la guerre passée, et par là donner au monde une preuve de notre vénération pour le Saint-Père, de notre protection pour la capitale de la chrétienté, et enfin du désir constant qui nous anime, de voir *notre religion* ne le céder à aucune autre pour la pompe de ses cérémonies, l'éclat de ses temples et tout ce qui peut imposer aux nations. Nous avons chargé notre oncle, le cardinal grand aumônier, d'expliquer au Saint-Père nos intentions, et ce *que nous voulons faire.* » Pourquoi faut-il que les faits se soient trouvés en contradiction avec de tels sentiments ?

Le voyage du pape retournant à Rome ne fut qu'une longue ovation. Il fut accueilli dans ses États par le plus vif enthousiasme. Il y eut illumination générale dans les rues. Un gracieux épisode nous montre les sentiments que le souverain de la France avait su imprimer à ses sujets. Nous cédons la parole au chevalier Artaud.

« Le surlendemain, je fus admis à mon tour à l'audience de Sa Sainteté. Ce voyage avait électrisé l'ame du Saint-Père. Il parlait avec feu de ce qu'il avait vu. Il montrait avec une sorte de satisfaction les médailles frappées en son honneur. Il s'interrompait à tout instant pour dire des choses nouvelles. L'établissement des sœurs de la Charité de Paris, qui sont si utiles à nos malades, avait excité vivement son intérêt, et il pensait à répandre cet ordre en Italie, en Allemagne et en Irlande. Il revenait ensuite aux motifs qu'il avait eus de se féliciter de son voyage. Tout à coup, sa physionomie devint plus sérieuse. Il se recueillit un instant, comme pour parler d'une chose grave, puis il eut l'air de repousser l'idée qui venait de se présenter. Sa figure redevint riante, et il parla ainsi, après avoir pris ma main, comme pour m'engager à l'écouter. J'attendais un grand plaisir, car je savais tout le feu et la verve de Pie VII, quand il peignait ses émotions. Nous voulons vous raconter un événement qui vous prouvera à quel point nous avons lieu d'être content de votre excellent peuple. A Châlons-sur-Saône, nous allions sortir d'une maison que nous avions habitée pendant plusieurs jours. Nous partions pour Lyon. Il nous fut impossible de traverser la foule. Plus de deux mille femmes, enfants, vieillards, garçons nous séparaient de la voiture, qu'on n'avait jamais pu faire avancer. Deux dragons (le pape appelait ainsi nos gendarmes à cheval, parce que les seuls corps de cavalerie qu'il eût à son service étaient de l'arme des dragons), deux des dragons chargés de nous escorter, nous conduisirent à pied jusqu'à notre voiture, en nous faisant marcher entre leurs chevaux bien serrés. Les dragons paraissaient se féliciter de leur manœuvre, et fiers d'avoir plus d'invention que le peuple. Arrivé à la voiture, à moitié étouffé, nous allions nous y élancer avec le plus d'adresse et de dextérité possibles, car c'était une bataille où il fallait employer la malice, lorsqu'une jeune fille qui, à elle seule, eut plus d'esprit que nous et les dragons, se glissa sous les jambes des chevaux, saisit notre pied pour le baiser et ne voulut pas le rendre, parce qu'elle avait à le passer à sa mère, qui arrivait par le même chemin. Prêt à perdre l'équilibre, nous appuyâmes nos deux mains sur un des dragons, celui dont la figure n'était pas la plus sainte, en le priant de nous soutenir. Nous lui disions : « *Signor dragone*, ayez pitié de nous. » Voilà que le bon soldat (fions-nous donc à la mine,) au lieu de prendre part à notre peine, s'empara à son tour de nos mains pour les baiser à plusieurs reprises. Ainsi, entre la jeune fille (la ragazza) et votre soldat, nous fûmes comme suspendu pendant plus d'un demi-quart de minute, *nous redemandant* et attendri jusqu'aux larmes. Ah ! que nous avons été content de votre peuple ! »

Cette petite anecdote amènera peut-être sur quelques lèvres un sourire de pitié. Ne devrait-elle pas arracher des larmes à tous les yeux ?

X. — NE NOUS HATONS PAS DE JUGER.

Napoléon est arrivé à l'apogée de sa puissance. L'étoile fatidique brille dans tout son éclat. Les batailles, les conquêtes vous sont connues ; nous n'en parlerons pas. Sur le trône impérial, oublia-t-il la foi qu'écolier il professait à Brienne, que premier consul il fit respecter ? Beaucoup de faits concourent à prouver que non. Le cardinal Fesch, après avoir raconté son entretien avec Marseria, continue ainsi : « Voilà comment l'empereur était catholique, comment il défendait sa religion ; et la moitié de son règne s'est passé en luttes semblables. Car ce n'est pas seulement de l'Angleterre que cette proposition lui est venue. Trois ou quatre fois, elle lui a été faite avec instance, et il lui a fallu opposer le même refus. Eh ! mon Dieu ! tout le monde sait cela ! Vous vous rappelez que, lorsque l'on conclut la paix de Tilsitt, il y eut une conférence à moitié du fleuve, du Niémen... je crois, entre Napoléon et l'empereur de Russie... Tout ne tenait qu'à lui en ce moment... Alexandre lui fit compliments sur compliments : « Et vous êtes un grand homme ! et vous êtes un héros ! un homme providentiel pour cette époque de révolution ! et il dépend de vous de rassurer tous les rois sur leur trône ! Mais pour cela, il faut que vous-même soyez assis sur le vôtre avec toute la puissance nécessaire, et c'est où vous n'arriverez pas, si vous n'êtes ce que je suis moi-même, le chef religieux de votre Etat... Croyez-moi, reprit Alexandre avec un air d'épanchement et de confiance, adoptez le rit grec, établissez-le en France, et vous pouvez faire fond sur moi comme sur l'allié le plus fidèle. » Aléxandre eut la même réponse que Marseria. Et, durant les huit jours que l'empereur passa avec le roi de Prusse, ce fut encore là, le perpétuel sujet des discours, et le plus ardent conseil de celui-ci : se faire à la fois chef politique et religieux aux dépens du catholicisme. Que vous dirai-je ? Peu de temps après (vous avez certainement entendu parler de cela), il s'agissait de faire épouser à l'empereur la sœur d'Alexandre. Nous eûmes trois assemblées des grands dignitaires de France pour ce mariage, et l'empereur de Russie, qui paraissait tenir beaucoup à notre alliance, proposa les conditions les plus favorables. Lorsque l'ambassadeur donna lecture du projet de contrat devant l'assemblée, l'empereur ne fit aucune objection sur le fond des choses, mais il répéta plusieurs fois : « Soit ! mais catholique ! » L'ambassadeur se mit à sourire, et murmura quelques mots qui voulaient dire : « Votre Majesté est beaucoup trop éclairée pour attacher tant d'importance à une question si secondaire ; assurément Votre Majesté est bien au-dessus de toutes les questions de secte et d'Eglise. » L'empereur répéta de nouveau et avec autorité : « Soit ! mais catholique ! » Voyant cette insistance, l'ambassadeur crut ou fit semblant de croire qu'il ne s'agissait pour l'empereur que d'une convenance politique, d'une opinion nationale à ménager, et il fit observer que son souverain ne réclamait, pour sa sœur, aucune démonstration publique. Il demandait seulement pour elle le bénéfice de la même tolérance individuelle dont jouissaient, en France, les juifs, les protestants, les philosophes, et les Grecs eux-mêmes dans leur particulier. Toute sa prétention se bornait donc à l'admission d'un pope au service d'une chapelle, selon le rit grec, aux Tuileries. « Point de pope ! point de chapelle grecque aux Tuileries ! » Ce fut constamment la réponse de l'empereur, la difficulté, et l'unique cause qui rompit tout l'arrangement. »

Un tableau serait incomplet si l'on n'y ajoutait les ombres qui font ressortir les parties lumineuses ; l'histoire d'un homme le serait aussi, si l'on n'y présentait que ses vertus et ses belles actions. Planant au-dessus de l'humanité par son immense génie, Napoléon n'en appartenait pas moins à la terre par les défauts inhérents à l'homme. Nous aborderons franchement la question si délicate et si difficile des grandes erreurs qui ont entaché sa vie. Il était monté si haut, qu'il dut avoir le vertige. Un homme est trop faible pour porter tant de grandeur. L'étoile pâlit au ciel de sa destinée, lorsqu'il voulut se mettre au-dessus des lois qui régissent les autres hommes. Il viola la sainteté du mariage, il s'attaqua aux deux principes qui l'avaient consacré, la puissance spirituelle et les droits des peuples : il se brisera dans sa lutte contre ces deux forces qui ne lui opposent que la résistance de l'inertie ; il oublia la justice, et son autorité s'affaiblit à force de s'étendre. La décadence de son pouvoir résulta de l'excès même de sa grandeur. Nous ne dissimulerons rien de la gravité des faits, mais nous rechercherons si ces faits ont été justement interprétés, et, pour cela, avant d'aborder un pareil sujet, nous citerons encore un fragment de la conversation du cardinal Fesch avec M. Olivier, qui nous a déjà relaté les refus opposés par l'empereur à toute proposition anti-catholique. Voici ce que dit M. Olivier :

« Touchant les torts réels de l'empereur, l'enlèvement du pape, le divorce, tant de guerres diverses, les fossés de Vincennes, etc., lorsque j'en ai demandé l'explication au cardinal, je n'en ai point eu de réponse précise. Cependant, il m'a été facile de saisir, dans le peu qu'il me disait, le fond de ses sentiments à ce sujet. Il les regardait tous comme des actes commencés sans réflexion, poursuivis par obstination et vanité, mais où le cœur demeurait étranger jusqu'au bout. Il les envisageait tantôt comme des suggestions de ceux qui l'entouraient et agissaient avec lui, et d'autres fois comme des mouvements de colère soulevés par l'hostilité même des faits. Enfin, et pour mieux peindre sa pensée, il les trouva semblables aux coups d'estoc et de taille, que donne au hasard, sans considérer où ni comment il frappe, un homme serré de près dans une mêlée incessante et acharnée.

» Oh ! que ces tristes souvenirs étaient amers au cœur du cardinal, si tendre pour son neveu ! Il les murmurait tout bas, quand ma curiosité ou le fil des événements l'y conduisait, sans presque les articuler, sans les excuser non plus. « Oui, disait-il doucement, nous étions parfois ensemble colère contre colère... Mais, ajoutait-il aussitôt, en relevant la voix, mais qu'au fond on l'a mal jugé ! Non, la foi ne l'a jamais abandonné. » Il se leva avec émotion, et, s'arrêtant devant moi, tenant ma main dans la sienne, il reprit d'un ton tout ensemble doux et solennel, et les yeux

mouillés de larmes : « Oh ! qui en pourrait douter ?
Dieu ne l'a pas brisé, monsieur ! Quand Dieu veut
perdre un homme, il l'écrase sur place, le jette au feu ;
mais lui, il ne l'a point écrasé sous son pied, il ne l'a
point jeté au feu.. Il l'a humilié, et c'est la voie du
salut... C'en est la preuve. Celui que Dieu humilie est
sauvé, monsieur, car l'humiliation, c'est l'expiation et
le signe de la miséricorde. »

Avant d'entamer le chapitre des grandes fautes et
d'entrer dans le cœur même du récit, il n'est pas inutile
de dire quelques mots de la vie privée de l'empereur.
On a beaucoup parlé de certaines particularités, et
répandu des libelles diffamatoires dans lesquels on le
représentait comme un monstre de libertinage. A première vue, cette accusation semble bizarre. Les passions
d'un tel homme devaient toutes être nobles et élevées.
On se représente difficilement le conquérant, le législateur occupant son temps et son esprit à de mesquines
intrigues amoureuses. L'on dit que, lorsqu'il s'agit d'un
grand homme, aucun détail n'est indifférent. Soit, sans
nier des faits que nous ne connaissons pas, nous trou-
vons qu'une des plus tristes façons d'envisager l'histoire,
est de n'en rechercher que les commérages. Quoi qu'il
en soit, voici ce que nous raconte le docteur O'Meara :
« Je lui appris que j'avais lu un livre intitulé : « Amours
secrètes de Napoléon Bonaparte, » mais que c'était un
tissu de sottises. L'empereur sourit, et me pria de le lui
procurer. « Cela me fera rire au moins, » dit-il. Je le
lui apportai. Il remarqua une gravure, dans laquelle on
le représente plongeant une épée dans un ballon, parce
que l'aréonaute n'avait pas voulu l'y laisser monter :
« Quelques personnes croient que le trait est réellement
de moi, mais cela est faux... » En ce moment, quel-

qu'un entra dans la chambre : « Eh bien ! s'écria l'empereur, voilà mes amours secrètes ! » Il parcourut alors l'ouvrage, et lut quelques parties en riant de tout son cœur ; mais en faisant observer que c'était une absurdité monstrueuse. Après en avoir feuilleté une partie que je n'avais pas lue, il me le rendit en disant qu'il n'y avait pas un seul mot de vrai dans ces anecdotes ; que même les noms de la plus grande partie des femmes dont il y était parlé, lui étaient inconnus. L'empereur resta fort tard à lire, et j'appris qu'on l'avait souvent entendu pousser de longs éclats de rire. »

Dans une autre circonstance, Napoléon dit, en parlant des dérèglements des souverains : « Si la race des Bourbons a mérité ses malheurs, c'est pour avoir voulu s'élever au-dessus de la religion et de la morale. Rien de plus insolent, de plus démoralisant que le libertinage scandaleux d'un souverain. Mieux vaut, pour un royaume, la guerre la plus malheureuse et le fléau de la peste. La corruption est contagieuse, quand elle descend du trône ; car la cour et la ville s'empressent d'imiter. Sans nul doute, les galanteries de la royauté, les turpitudes de Louis XV et du Régent furent une des principales causes de la révolution. Avant qu'on dégradât le pouvoir, le pouvoir s'était dégradé lui-même, il était tombé au-dessous de tout le monde, en foulant aux pieds tous les principes. Louis XVI, par son courageux martyre, releva la royauté dans l'opinion : ceci ne justifie pas, mais explique les crimes de Marat, de Robespierre, et des autres régicides, qui sont vraiment des monstres à face humaine ; mais ces monstres ont exécuté une sentence de réparation sociale... Les forfaits y ont servi comme les immondices qui servent d'engrais à une terre épuisée, et la rendent capable de produire au centuple. Quant à moi, si j'ai eu des faiblesses, je n'en ai jamais fait parade, j'en ai eu honte le premier. C'est que j'en appréciais les conséquences. Les femmes sont un écueil pour le souverain. Mon ame était trop forte pour donner dans le piége. Sous les fleurs, je jugeais du précipice. Je commandais de vieux généraux. Les regards jaloux s'attachaient à tous mes mouvements. Ma fortune était dans ma sagesse : j'eusse pu m'oublier une heure, et combien de mes victoires n'ont pas tenu à plus de temps !... »

J'avoue, qu'après avoir lu ces paroles, les amours secrètes ne m'inspirent plus aucune curiosité. Parmi les fautes, celle qui a excité le plus d'indignation, provoqué le plus de haines ardentes, de récriminations éloquentes et passionnées, c'est le sombre drame des fossés de Vincennes. L'Europe stupéfaite l'accueillit par un silence de consternation et d'épouvante, et plus tard on en fit un des plus terribles chefs d'accusation contre le monarque déchu. Voici les faits rapportés avec la plus stricte impartialité. Louis-Antoine-Henri de Bourbon-Condé, duc d'Enghien, dernier rejeton de l'illustre famille dont la gloire est une de nos gloires nationales, naquit à Chantilly en 1772. Des traits charmants, un noble maintien, s'alliaient chez lui aux plus généreuses qualités du cœur, aux plus belles facultés de l'intelligence. Après 1789, lorsque les princes français quittèrent leur pays, il suivit naturellement son père, son aïeul, et le comte d'Artois. Il s'enrôla sous les drapeaux de la monarchie, parce que sa place y était marquée d'avance. A l'attaque des lignes de Weissembourg, au combat de Bertsheim, il obtint les plus éclatants succès. Après cette dernière affaire, il avait entre les mains plusieurs prisonniers républicains condamnés à mort par l'horrible loi des représailles. Le jeune duc d'Enghien se rend au milieu d'eux : « Le sang de nos compagnons, dit-il, versé pour la plus juste des causes, demande une plus noble vengeance… Vivez!… Ils sont Français, dit-il aux officiers qui l'entourent ; ils sont malheureux ! je les mets sous la sauvegarde de votre honneur, et de votre humanité ! « En 1799, il déploya, au combat de Rosenheim, la valeur d'un soldat unie au talent d'un tacticien. Ses traits d'humanité, sa constante générosité envers ses ennemis, le firent adorer des soldats, et estimer par des officiers de l'armée républicaine. Lors du licenciement de l'armée de Condé, il se fixa avec sa femme, la princesse de Rohan, qu'il avait épousée secrètement, dans le duché de Bade, au château d'Ettenheim, sur la rive droite du Rhin, à quatre lieues de Strasbourg. Là, avec quelques amis fidèles, quelques livres, il se livrait à sa passion pour la chasse, jouissant de toutes les douceurs de l'intimité. Son grand-père lui écrivait d'Angleterre de se tenir sur ses gardes : « Mon cher enfant, n'allez pas croire qu'il y ait du courage à tout braver à cet égard : ce ne serait qu'une imprudence impardonnable aux yeux de tout l'univers, et qui pourrait avoir les suites les plus affreuses. Ainsi, je vous le répète, prenez garde à vous ! » Pendant ce temps-là, l'Angleterre menacée avait résolu de frapper le premier consul. Les conspirations s'ourdissaient contre lui. Moreau et Pichegru trahissaient, Cadoudal et plusieurs autres royalistes étaient l'ame d'un vaste complot, qui s'étendait dans l'armée. Napoléon, blessé dans sa politique, et plus encore dans ses sentiments, Napoléon qui a voulu régner par la paix et la prospérité publique, voit méconnaître ses intentions et contrarier ses projets. Il fait arrêter les conjurés. On lui apprend à ce moment, que le duc d'Enghien va sans cesse à Strasbourg, et fait de fréquents voyages à Paris pour se concerter avec les conspirateurs. Ces rapports inexacts ou fondés achèvent de l'exaspérer. On en veut à sa vie : il prendra celle de l'ennemi. Rappelons-nous les paroles du cardinal Fesch nous disant que *ces actes doivent être attribués à une colère soulevée par l'hostilité même des faits.* Si la violence est explicable, jamais elle ne le fut plus que dans une circonstance pareille. Dans le cours de la procédure, un des conjurés avait déposé que tous les dix ou douze jours un personnage mystérieux se rendait secrètement chez Moreau : c'était Pichegru, mais son signalement pouvait s'appliquer au duc d'Enghien. Reste un reproche grave à la charge du duc d'Enghien. Vivant d'une pension allouée par le gouvernement anglais, il était à Ettenheim en rapport avec le comité d'Offenbourg, qui attirait les émigrés d'Allemagne, et placé à la frontière de la France, qu'il menaçait à l'abri du duché de Bade. La persistance à ne pas quitter cette position au moment où les conspirations s'organisaient à Londres, justifiait les bruits répandus contre lui. Dans la journée du 14 mars, les serviteurs du prince aperçurent des inconnus qui semblaient examiner attentivement l'habitation. Ils reconnurent des gendarmes français déguisés, et firent part de leurs alarmes au prince qui n'opposa que le sourire de l'incrédulité. Dans la nuit du 14 au 15 mars (23 au 24 ventôse), le général Ordener accompagné du général Frisiou et du colonel Charlot, passe le Rhin à la tête d'une troupe de 300 hommes, dont une partie cerne la ville, tandis que l'autre pénètre par la rue principale, et se dirige vers l'habitation du prince. Il était cinq heures du matin. Le prince était levé et habillé. Le colonel Grüstein, qui avait couché cette nuit chez lui, donnait des ordres pour une

partie de chasse projetée depuis la veille. Le duc d'Enghien donnait un dernier coup d'œil à son costume, et à
ses armes, quand des pas précipités se font entendre. Un
de ses serviteurs accourait en disant : « Monseigneur, le
château est cerné : il y a à la grand'porte un officier français, qui nous somme d'ouvrir, menaçant de l'enfoncer,
si on ne lui obéit pas à l'instant. — Eh bien! il faut nous
défendre! » s'écrie le prince ; et faisant jouer les chiens
de son fusil de chasse, il s'élance vers la fenêtre. Il cou-
chait en joue l'officier, lorsque Grüstein saisit son fusil :
« Monseigneur, êtes-vous compromis? — Non! — Eh
bien! alors, toute résistance est inutile, nous sommes
cernés, et j'aperçois beaucoup de baïonnettes. »

En même temps arrivaient les gendarmes et le commandant des dragons. Il fallut mettre bas les armes. On
arrêta les domestiques du prince et l'on partit en toute
hâte. Détenu quelque temps à Strasbourg, le duc écrivit à sa femme, et rédigea quelques notes contenant ses
impressions personnelles, ainsi qu'une note explicative
niant toute participation à un complot dirigé contre la
vie du premier consul. Il y disait « qu'ignorant totalement ce complot, il était attaché à la France et se décla-
rait personnellement admirateur du génie de Bonaparte ;
qu'il eût voulu pouvoir servir sous ses ordres, mais que
les devoirs de sa naissance s'y opposaient, et qu'il ne
pensait pas que le premier consul pût lui faire un crime
d'avoir soutenu, les armes à la main, les droits de sa
famille et de son sang. »

Un courrier extraordinaire apporta de Paris l'ordre
de faire partir immédiatement en poste le prisonnier.
Arrivé à Vincennes, M. Harel le commandant du château l'y reçut, et lui fit donner à souper. Toujours persuadé de la culpabilité du prince, le premier consul

avait décidé qu'il passerait devant une commission militaire. Alors, il est certain, comme nous le prouverons, qu'il n'avait pas lu les papiers du duc d'Enghien, et, sous l'empire de suggestions étrangères, de l'indignation provoquée par les attentats dirigés contre lui, il fit assembler à la hâte cette commission composée de sept officiers supérieurs. Voici ce que rapporte, en cette circonstance, M. Nougaride de Fayet : « Vers le midi, M. de Talleyrand vint à la Malmaison. Comme il se promenait en causant avec le premier consul dans l'allée qui se trouve devant le salon du château, depuis le pont jusqu'à la lisière du bois, Joseph Bonaparte y arriva... Il trouva en arrivant, dans le salon, Joséphine qui vint au-devant de lui avec empressement, et lui dit : « Vous savez ce qui se passe, le duc d'Enghien vient d'être arrêté sur la frontière, et le premier consul est fort irrité contre les tentatives des émigrés. Je sais combien sa nature est douce et bonne, mais ce sont ses conseillers que je crains, et surtout ce maudit boiteux. Le premier consul vous entretiendra probablement de cette affaire. Tâchez de le porter à l'indulgence, mais surtout ne lui dites pas que je vous en ai parlé. »

» Joseph sortit pour aller au devant de son frère qui, en le voyant, quitta M. de Talleyrand, et continua avec lui sa promenade. Le premier consul lui parla, en effet, du duc d'Enghien, de son enlèvement et du projet où il était de le faire juger comme ayant conspiré contre la France et contre lui. Joseph alors lui rappela un souvenir de leur jeunesse, lorsqu'étant lui Joseph au collége d'Autun, le prince de Condé, grand-père du duc d'Enghien, y était venu et lui avait fourni les moyens d'entrer dans l'artillerie... Joseph, en lui rappelant ces faits, l'invita à la clémence : « Qui nous eût dit alors, ajouta-t-il, que nous aurions un jour à délibérer sur le sort du petit-fils du prince de Condé? » En même temps il lui remit sous les yeux ses principes ennemis de toute réaction, et d'après lesquels, il voulait, comme il le disait lui-même, rester la clef de voûte. Le premier consul lui répondit qu'il ne s'agissait pas ici de réaction politique, mais de complot, d'assassinat, que le duc d'Enghien était l'un des chefs de celui de Georges, et qu'il ne voyait pas de raison de laisser les princes de la maison de Bourbon venir impunément conspirer jusque sur la frontière. Le premier consul rompit ensuite la conversation. Il proposa à son frère de rester à dîner à la Malmaison, mais ce dernier lui dit qu'il avait lui-même invité quelques personnes, et retourna à Morfontaine. »

Quel que soit le degré de créance à accorder à ce récit dont nous ne pouvons garantir l'authenticité ; toujours est-il que, d'après son auteur, Napoléon aurait été convaincu que le duc d'Enghien voulait attenter à ses jours. Le général Savary, aide de camp du premier consul, reçut l'ordre de rassembler une brigade qu'il conduisit à Vincennes, et le château demeura placé sous son autorité pendant que la commission militaire s'y rassemblait. Elle était présidée par le général Hullin. Le prince s'était couché de bonne heure. Vers onze heures du soir, un lieutenant de gendarmerie vint le prier de se lever et de le suivre dans une des pièces occupées par le commandant. Il y subit un premier interrogatoire du capitaine rapporteur Dautancourt, dont on rédigea le procès-verbal. Pendant cet interrogatoire très-sommaire, le prince insista sur le désir de voir Bonaparte. Le capitaine rapporteur donna lecture du procès-verbal à la commission assemblée. On proposa de surseoir pour en référer au premier consul, mais le général Savary dit qu'il fallait passer outre, car la commission devait juger sans désemparer. On amena donc le duc d'Enghien. Le général Hullin, président, siégeait sur un fauteuil au fond de la pièce ; les autres occupaient des siéges. On avait laissé entrer les officiers des troupes réunies à Vincennes. L'accusé avait le regard assuré, la mine haute et fière. Il était vêtu d'un pantalon gris collant avec des bottes à la hussarde. A son cou était nouée une cravate blanche brodée. Le président, après lui avoir demandé son nom et son âge, lui demanda s'il avait pris les armes contre la France. Il répondit qu'il avait fait toute la guerre, et désirait la faire encore en prenant du service à la solde de l'Angleterre. Il repoussa toute connivence avec les conjurés, qui voulaient assassiner Bonaparte ; il dit qu'en portant les armes contre la France, il avait soutenu les droits de sa famille, et qu'un Condé ne pouvait rentrer en France que les armes à la main. « Ma naissance, mon opinion, dit-il, me rendent à jamais l'ennemi de votre gouvernement. » Les dernières paroles sont extraites des mémoires du général Hullin. Ce fut lui qui rédigea à la hâte la minute d'un jugement qui se termine ainsi. « Le président a fait retirer l'accusé ; le conseil délibérant à huis-clos, le président a recueilli les voix en commençant par le plus jeune en grade ; le président ayant émis son opinion le dernier, l'unanimité des voix l'a déclaré coupable, et lui a appliqué l'art... de la loi du... ainsi conçu... et en conséquence l'a condamné à la peine de mort. Ordonne que le présent jugement sera exécuté de suite, à la diligence du capitaine rapporteur, après en avoir donné lecture en présence des différents détachements des corps de la garnison, au condamné. Fait, clos et jugé sans désemparer, à Vincennes, les jours, mois et an que dessus, et avons signé : *Hullin, Bazancourt, Rabre, Barrois, Dautancourt* rapporteur, *Quitton, Ravier.* »

On voit, dans ce jugement informe, que le rédacteur ne spécifie ni le crime du condamné, ni les lois qui le condamnent, puisqu'il en laisse en blanc l'énoncé.

Le duc d'Enghien fut reconduit à sa chambre, pendant que l'on rendait ce jugement, et Savary fit demander à Harel un ouvrier qui pût creuser une fosse. On appela un jardinier, Bontemps, attaché au château, et on lui commanda de creuser, au plus vite, une fosse dans un des fossés. Bontemps se rappela que la veille un manouvrier Bonnelet avait creusé une fosse pour y déposer des décombres et des immondices. Ce travail avait été fait au pied du pavillon de la Reine, au coin d'un petit mur de quatre à cinq pieds de haut. Bontemps y trouva une fosse de deux pieds et demi de profondeur sur trois de largeur et six de longueur. En peu de temps il acheva le travail et donna à la fosse les dimensions convenables. Pendant ce temps, le général Savary faisait commander un piquet de gendarmes d'élite, et donnait ses instructions à l'adjudant Pelé, commandant de ce peloton. En même temps, les différents détachements des corps de la garnison recevaient l'ordre de descendre dans le fossé. Après ces diverses dispositions, M. Harel reçut l'ordre d'aller chercher le prisonnier. Il le trouva causant avec le lieutenant Noirot, et s'enquérant avec une familiarité bienveillante de tout ce qui pouvait intéresser cet officier. Au milieu de cet entretien, M. Harel entra. Le commandant tenait à la main une grosse lanterne. Il invita le prince à le suivre, et tous deux descendirent suivis par le lieutenant Noirot, les deux gendarmes et le brigadier Anfort. Arrivés à la tour du

Diable, au haut de l'escalier étroit et sombre qui conduisait dans les fossés, le prince s'arrêta, et, sondant de l'œil ces ténèbres : « Où me conduisez-vous ? s'écria-t-il ; si c'est pour m'enfermer vivant dans un cachot, j'aime encore mieux mourir sur-le-champ. » Veuillez me suivre, répond M. Harel, et rappelez tout votre courage. Le prince comprit alors, leva les yeux au ciel, et, avec l'assurance du soldat qui marche à l'assaut, il descendit. Au bas de l'escalier, la petite troupe suivit pendant quelque temps les fossés. Une pluie froide, fine et pénétrante augmentait encore les ténèbres que perçait à peine la lueur de la lanterne. On arriva au pied du pavillon de la Reine. Là attendait, l'arme au bras, le peloton commandé par l'adjudant Pelé. L'adjudant s'avança, tenant à la main un papier : c'était la minute rédigée par le général Hullin. A la lueur de la lanterne que tenait M. Harel, l'adjudant lut ou plutôt balbutia d'une voix émue la terrible sentence. Le prince ne fit pas un mouvement. La lecture finie : « Y a-t-il ici quelqu'un qui veuille me rendre un dernier service ? » dit-il d'une voix ferme. Le lieutenant Noirot s'approcha, et le prince lui dit quelques mots à l'oreille. « Gendarmes, dit le lieutenant, l'un d'entre vous a-t-il une paire de ciseaux ? — Moi ! » dit un des hommes. Les ciseaux passèrent de main en main. Le prince souleva sa casquette, et coupa une longue mèche de ses cheveux. Il retira d'un de ses doigts un anneau d'or, prit dans sa poche une lettre, et enveloppa le tout dans un papier qu'il donna au lieutenant Noirot. C'était le dernier souvenir du duc d'Enghien pour la princesse Charlotte. Ce pieux devoir rempli, le condamné, fidèle à la foi de ses pères, demanda un prêtre.

Il n'y en avait ni dans le château, ni dans le village.

On le lui dit ; il se recueillit un instant, ses lèvres mur-
murèrent une prière, et il s'avança vers le peloton. Le
prince se trouvait alors à trois pas du petit mur dont
nous avons parlé, près d'un pommier. Sur le petit mur
avait été placée la lanterne, éclairée par plusieurs chan-
delles. Le peloton se recula à une huitaine de pas. Le
prince attendait immobile, la tête haute. Un homme
placé vis-à-vis dans l'ombre, sur le rebord extérieur du
fossé, se pencha, et, d'une voix impatiente : « Com-
mandez le feu ! » s'écria-t-il. C'était le général Savary.
« En joue, feu ! » dit l'adjudant. Le prince tomba sur
la face sans mouvement. Quatre gendarmes s'appro-
chèrent du cadavre : l'un d'eux fouilla rapidement les
poches de l'habit, et en tira quelques papiers. C'était
le journal du prince. Puis, il prit dans le gousset une
des deux montres que portait la victime. Les trois autres
gendarmes prirent le corps par les pieds et la tête, tour-
nèrent le mur, et jetèrent leur fardeau dans la fosse,
qui fut immédiatement comblée.

Ce récit fidèle, extrait de relations authentiques,
serait incomplet, si l'on n'y ajoutait celui des faits qui
se passaient alors à Paris et à La Malmaison. Il nous
aidera à saisir la pensée intime de Napoléon. Nous
n'avons rien dissimulé, ni le puissant intérêt qui
s'attache à la victime, ni l'illégalité de la procédure, ni
l'étrange précipitation de l'exécution. Nous avons maintenant à nous demander comment Napoléon chrétien a
pu commander un pareil acte, si la légitime indignation
qu'il a provoquée doit retomber tout entière sur lui,
si enfin il est juste de lui en attribuer la complète responsabilité. Or, voici ce qui avait eu lieu. Le premier
consul avait chargé le conseiller d'Etat, M. Réal, de se
rendre à Vincennes aussitôt qu'il apprendrait la venue

du prisonnier qu'il devait interroger. M. Réal ne fut pas prévenu à temps, et n'avait lu la lettre indiquant la venue du prince que vers trois heures du matin. Alors, il s'était habillé en toute hâte, avait demandé sa voiture et avait couru à Vincennes. En route, il rencontra le général Savary qui, après l'exécution, se rendait dans le cabinet du premier consul. Il lui fit son rapport. Quand il en vint à dire que le prince avait exprimé le désir de lui parler : « Et pourquoi ne m'a-t-on pas averti? interrompit Bonaparte avec vivacité. Et M. Réal, le prisonnier ne lui a-t-il pas fait la même demande ? »

Alors M. Savary dit sa rencontre avec M. Réal et l'exécution faite avant l'interrogatoire du conseiller d'Etat. « Le premier consul (c'est M. Savary lui-même qui parle) ne pouvait concevoir que l'on eût jugé avant l'arrivée du conseiller Réal. Il me fixait avec ses yeux de lynx et répétait : « Il y a là quelque chose que je ne comprends pas. Que la commission ait prononcé sur l'aveu du duc d'Enghien, cela ne me surprend pas ; mais enfin, on n'a eu cet aveu qu'en commençant le jugement, et il ne devait avoir lieu qu'après que M. Réal l'aurait interrogé sur un point qu'il importait d'éclaircir. » Et il me répétait encore : « Il y a là quelque chose qui me passe : voilà *un crime* qui ne mène à rien et qui ne tend qu'à me rendre odieux. »

M. Réal entrait aussi dans le cabinet du premier consul. « Eh bien ! Réal, qu'est-il donc arrivé? demanda-t-il, et comment avez-vous attendu si tard à exécuter mes ordres? » Ainsi, d'une part, l'extrême précipitation de Savary, et, de l'autre, la singulière lenteur de Réal auraient amené un si fatal dénoûment. La première pensée de Napoléon est de rejeter un acte qu'il qualifie de *crime* tendant à le rendre odieux. On lui a prêté bien des motifs politiques, mais sa clémence à l'égard de ses ennemis, sa constante générosité doivent nous faire rejeter de pareilles suppositions. Comment croire que le sauveur des émigrés de Toulon put, de sang-froid, jeter une tête innocente comme un gage de connivence au parti républicain?

Le cardinal Fesch a parfaitement résumé les causes de ses erreurs : sa colère, son tempérament, les suggestions de ses conseillers ; mais là, comme ailleurs, le cœur est resté étranger jusqu'au bout.

Si nous invoquons le témoignage de Napoléon lui-même, nous verrons que ses paroles sont parfois contradictoires, et cela s'explique facilement : dans certaines circonstances, mû par un sentiment de fierté impériale, et sachant qu'un des priviléges, et un des dangers à la fois de la souveraineté absolue, est la responsabilité des actes qui se commettent en son nom, il s'est cru assez grand et assez fort pour porter celle de l'exécution de Vincennes. Mais souvent aussi, dans l'intimité, lorsque le souverain faisait place à l'homme, il énonçait les véritables mobiles de sa conduite, l'attribuant à un premier mouvement de colère et à l'aveuglement dans lequel l'avaient volontairement laissé d'autres personnages sur lesquels doit peser tout l'odieux du crime.

Comme souverain, il disait : « J'ai fait arrêter et juger le duc d'Enghien, parce que cela était nécessaire à la sûreté, à l'intérêt, et à l'honneur du peuple français, lorsque le comte d'Artois entretenait, de son aveu, 60 assassins à Paris. Dans une semblable circonstance, j'agirais encore de même... Le duc d'Enghien périt, parce qu'il était un des acteurs principaux de la conspiration de Georges Moreau, et Pichegru ; parce que ceux qui, de Londres, commandaient et dirigeaient tous ces complots se disposaient à entrer en France par l'est, pendant que le duc de Berry y pénétrerait par l'ouest. Il fut arrêté et traduit devant un tribunal compétent : la commission militaire chargée de le juger fut composée des colonels actuellement en garnison à Paris... J'aurais pu, sans doute, quoiqu'il fût coupable, m'abstenir de le faire enlever et juger. Mais pourquoi en aurais-je jugé ainsi? Lui et les siens n'avaient d'autre but que de m'enlever la vie ; j'étais assailli de toute part et à chaque instant : c'étaient des fusils à vent, des machines infernales, des complots, des embûches de toute espèce. Je m'en lassai : je saisis l'occasion de leur renvoyer la terreur jusques dans Londres, et cela me réussit. A partir de ce jour, les conspirations cessèrent. Une grande nation m'avait mis à sa tête. La presque totalité de l'Europe avait accédé à ce choix : ne devais-je pas à la gloire, et aux intérêts de la France de ne pas souffrir que les princes de la maison de Bourbon vinssent impunément, à quatre lieues de la frontière, ourdir des conspirations contre moi, envoyer des assassins jusques dans Paris, remettre en question ce qui s'était fait depuis quatorze ans? Mon sang après tout n'était pas de boue, et il était temps de le mettre à l'égal du leur... Et qu'eût-ce donc été, si j'avais étendu plus loin mes représailles? Si je répandis la stupeur par ce triste événement, de quel autre spectacle n'aurais-je pas pu frapper le monde, et quel n'eût pas été le saisissement universel! Plus d'une fois on m'a offert, à un million par tête, la vie de ceux que je remplaçais sur le trône. On les voyait mes compétiteurs, on me supposait avide de leur sang ; mais ma nature eût-elle été différente, eussé-je été organisé pour le crime, je me serais refusé à celui-ci, tant il m'eût semblé purement gratuit : je me trouvais si puissant, et ils me paraissaient si peu à craindre !... »

Ailleurs encore, d'après O'Meara, il explique sa conduite en souverain. Après avoir assez longuement parlé des conspirateurs, de Pichegru qui s'étrangla dans sa prison, il ajouta... « Rivière obtint sa grâce, sur la prière de Murat. Je pardonnai encore à quelques autres. Moreau fut condamné à deux ans d'emprisonnement. Cette peine fut commuée en celle du bannissement en Amérique. Jules de Polignac, et plusieurs autres, furent aussi condamnés à l'emprisonnement. On découvrit, continua l'empereur, par les révélations de plusieurs conspirateurs, que le duc d'Enghien attendait, sur les frontières de France, la nouvelle d'un mouvement et qu'aussitôt il devait entrer en France. Devais-je souffrir tranquillement qu'on envoyât une troupe de gens, dont le but était de renverser le gouvernement établi ? Je donnai l'ordre d'arrêter le duc d'Enghien : il fut jugé et condamné d'après une loi portée longtemps avant que je n'eusse aucune autorité en France. Il comparut devant une commission militaire, composée de tous les colonels de régiments alors en garnison à Paris. On l'accusa d'avoir porté les armes contre la république, ce qu'il ne nia pas. Il se comporta devant le tribunal avec une grande bravoure. A son arrivée à Strasbourg, il m'écrivit une lettre. Cette lettre fut remise à Talleyrand, qui la garda jusqu'après l'exécution. Comme la police ne voulait pas s'en rapporter au témoignage de Méhée de la Touche seulement, on envoya le capitaine Roscy dans l'intégrité duquel on avait toute confiance auprès de Drake, qui était à Munich avec une lettre de

Méhée, ce qui procura à Roscy une entrevue dont le résultat confirma le rapport de Méhée, et prouva l'existence d'un complot pour renverser le premier consul par tous les moyens possibles. »

Arrivons maintenant aux témoignages émanés de Napoléon, lorsque l'homme, dans l'intimité, dévoile toute sa pensée ; nous verrons qu'alors il se disculpe, et laisse tomber tout le poids du crime sur d'odieux subalternes, qui étaient intéressés à le voir s'accomplir. Voici ce que Napoléon pensait de ces hommes ; citons encore O'Meara : « Il a fait quelques observations touchant Talleyrand. Quant à Fouché, a-t-il ajouté, c'est un coquin, un homme corrompu ; mais un homme d'esprit, un homme qui cherche toutes les occasions de trahir. » Il n'estimait guère davantage le trop illustre prince de Talleyrand... « Napoléon s'est entretenu de Talleyrand. Le triomphe de Talleyrand, a-t-il dit, est le triomphe de l'immoralité. Un prêtre marié à la femme d'un autre, et qui a donné une forte somme d'argent à son mari, pour qu'il permette à sa femme de rester avec lui ; un homme qui a tout vendu, trahi tout le monde, et tous les partis ! J'ai défendu l'entrée de ma cour à sa femme, premièrement parce que sa réputation était décriée, et parce que j'ai découvert que quelques marchands génois lui avaient payé quatre cent mille francs dans l'espérance d'obtenir, par l'entremise de son mari, quelques faveurs commerciales. Elle était très-belle femme, Anglaise, ou des Indes Orientales, mais sotte et de la plus parfaite ignorance. » Il dit encore : « T.. est le plus vil des agioteurs ; c'est un bas flatteur, un homme corrompu, qui a trahi tous les partis, tous les individus... C'est un homme de talent, mais vénal en toute chose : on ne peut rien faire avec lui qu'en le payant... »

Napoléon raconte souvent aussi que Talleyrand ne cessait de lui représenter la nécessité de faire disparaître tous les Bourbons, pour assurer la perpétuité de l'empire. Dans les conversations intimes du Mémorial, il est désigné formellement comme ayant proposé à l'Empereur l'assassinat du comte de Lille et du comte d'Artois. « Le prince de Bénévent ne comprenait rien à mes scrupules ; il ne voyait dans un acte de cette nature qu'une simple mesure politique, l'accomplissement d'un de ces devoirs rigoureux commandés aux gouvernements par le salut public, et le besoin de leur conversation. » « En 1808, dit M. de Méneval, l'Empereur revint à la hâte d'Espagne, à la nouvelle de l'invasion de la Bavière par l'Autriche. Tout indiquait une intrigue politique fortement nouée, et Napoléon savait que M. de Talleyrand trahissait déjà au profit des Bourbons la fortune impériale... Napoléon apostropha son ministre tremblant comme le renard pris au piége ; il lui dit qu'il savait tout, qu'il connaissait ses intrigues, ses trahisons, la cause secrète de ses calomnies contre les projets de l'Empereur en Espagne : « Vous prétendez vous être opposé à la guerre, dit-il, tandis que c'est poussé par vos conseils que je l'ai faite. N'est-ce pas vous qui m'avez répété que tant qu'un Bourbon règnerait en Europe, je ne serais pas tranquille ? N'avez-vous pas osé dire aussi que vous n'étiez pour *rien dans la mort du duc d'Enghien ?* » M. de Talleyrand, pâle et tremblant, écoutait sans répondre. Il se retira dans une pièce voisine : on crut qu'il allait être arrêté. Mais Napoléon ne punit pas le traître. Les jours suivants, M. de Talleyrand qu'on eût pu croire à tout jamais disgracié, reparut dans les antichambres impériales, et, comme un valet chassé qui se cramponne à ses gages, comme un mendiant qui spécule sur l'importunité, quêta un regard du maître. Ce regard méprisant sans colère, il finit par l'obtenir ; Napoléon pardonna, tant il poussait (au dire du duc de Gaète) tant il poussait jusqu'à la faiblesse l'indulgence pour ceux qui l'avaient une fois servi.

Avec une pareille moralité, on ne doit pas s'étonner si Fouché et Talleyrand ont fait ce qu'ils ont pu pour consommer la perte du malheureux duc d'Enghien. On prétend que, dans la fatale nuit du 20 au 21 mars 1804, M. de Talleyrand, nonchalamment étendu dans un fauteuil, dans le salon de Madame de Laval, entendit sonner la pendule : « Ah ! deux heures ! dit-il du ton le plus calme, en jetant un regard distrait sur sa montre, qu'il venait de tirer lentement ; dans ce moment, le dernier des Condé a probablement vécu ! » A cette anecdote, dont nous ne pouvons garantir la véracité, nous ajouterons seulement que, de la part de pareils hommes, rien ne doit étonner, et que M. de Talleyrand, à cette époque, était perdu par une restauration monarchique : prêtre, il s'était marié, avait contribué à la constitution civile du clergé, à la vente des biens ecclésiastiques ; noble de vieille souche, il avait servi la république, fêté l'anniversaire du 21 janvier 1793. Aussi lisons-nous dans le Mémorial : « L'empereur disait qu'il avait été poussé inopinément ; on avait, pour ainsi dire, surpris ses idées, précipité ses mesures, enchaîné ses résultats. Tout avait été prévu d'avance, les pièces se trouvèrent toutes prêtes : il n'y avait plus qu'à signer ! » Assurément, si j'avais été instruit à temps de certaines particularités concernant les opinions et le naturel du prince, si surtout j'avais lu la lettre qu'il m'écrivit, et qu'on ne me remit (Dieu sait par quel motif!) qu'après qu'il n'était plus, bien certainement j'aurais pardonné! Et j'ai appris, disait encore l'Empereur avec un accent de douleur, qu'il m'était favorable, qu'il ne parlait pas de moi sans quelque admiration ; et voilà pourtant la justice distributive d'ici-bas! Je me vois encore à demi-assis sur la table où j'avais dîné, achevant de prendre mon café : on accourt m'apprendre une trame nouvelle ; on me démontre avec chaleur qu'il est temps de mettre un terme à de si horribles attentats ; que le duc d'Enghien pouvait être pris sur le fait, faisant partie de la conspiration actuelle ; qu'il fallait enfin donner une leçon à ceux qui s'étaient fait une habitude journalière de conspirer contre ma vie ; les pièces mêmes étaient prêtes : il n'y avait plus qu'à signer ! »

Nous lisons dans les mémoires d'O'Meara : «Nul autre que moi peut-être, dit l'Empereur, n'a su arriver au degré de puissance où je suis parvenu sans s'être souillé par des crimes. Un lord, parent du duc de Bedfort, qui dînait avec moi à l'île d'Elbe, m'a dit qu'on croyait généralement en Angleterre, que le duc d'Enghien n'avait pas été jugé, mais assassiné pendant la nuit dans sa prison, et il fut surpris quand je lui appris qu'on lui avait fait un procès en règle, et que la sentence avait été publiée avant l'exécution. » Je demandai alors à l'Empereur s'il était vrai que T... eût gardé une lettre écrite par le duc d'Enghien, et qu'il ne l'eût remise que deux jours après son exécution. « C'est vrai, répondit l'Empereur, le duc avait écrit une lettre dans laquelle il offrait ses services, et me demandait le commandement d'une armée ; et ce scélérat de T... ne m'en donna connaissance que deux jours après que le prince eut été mis à mort. »

Nous devons penser que quand Napoléon dégagé de toute pensée de dignité impériale, se trouvait vis-à-vis de sa conscience, elle ne lui faisait aucun reproche : il répète plusieurs fois qu'il n'a jamais commis de crime. Le docteur O'Meara, lui avouant qu'avant de le connaître il le croyait homme à ne pas reculer devant un crime, lorsqu'il le trouvait nécessaire, Napoléon répond : « Je me suis élevé à un point de grandeur trop extraordinaire de gloire et de puissance humaines, pour ne pas exciter l'envie et la jalousie du genre humain. On dira : il est vrai qu'il est parvenu au faîte des grandeurs, mais pour y arriver il a commis des crimes. Maintenant, le fait est que non-seulement je n'ai jamais commis de crime, mais que même je n'ai jamais eu l'idée d'en commettre aucun... Le docteur Warden me fait dire dans son ouvrage que je n'ai jamais commis de crime inutile, ce qui équivaut à dire que je ne me suis pas fait scrupule d'y avoir recours, lorsque je me proposais quelque fin, ce que je nie également. Jamais je n'ai désiré que la gloire et le bonheur de la France : toutes mes facultés étaient tendues vers cet objet ; mais jamais je n'ai employé ni le crime, ni l'assassinat pour y parvenir... Il demanda, dit encore O'Meara, ce que Warden avait rapporté de l'affaire du duc d'Enghien. Je répondis qu'il affirmait que Talleyrand avait retenu une lettre du duc pendant un temps considérable après son exécution, et que c'était à lui qu'incombait la responsabilité de cette mort. « *Di questo non c'è dubbio* ; quant à cela il n'y a pas de doute, répondit Napoléon. » J'ai encore demandé à Napoléon, parce que j'étais désireux d'approfondir cette affaire, si dans le cas où Talleyrand lui aurait remis à temps la lettre du malheureux duc d'Enghien, il eût laissé vivre l'auteur de cette lettre. Il me répondit :

« Il est probable que oui, car il me faisait l'offre de ses services ; il s'est conduit avec beaucoup d'intrépidité, et la plus mâle dignité devant le conseil de guerre : il n'a rien nié. Il est vrai que je voulais faire un exemple qui effrayât, cependant je pense que je l'aurais laissé vivre. » Je fis la remarque que T... en retenant d'une manière aussi coupable la lettre dont il était question, avait véritablement assumé toute la responsabilité de cette exécution, et qu'on pouvait avec raison lui attribuer la mort du duc d'Enghien. L'empereur répondit que T... était *un briccone* (un scélérat) capable de tous les crimes ! »

On pourrait accumuler les citations, mais celles-ci doivent suffire pour nous montrer avec quelle réserve et quel discernement il faut juger les actions des souverains. Elles nous prouvent aussi qu'aveugle et injuste dans ses accusations, l'esprit de parti a méconnu le cœur et le caractère de l'homme que l'on a si légèrement traité d'assassin. Quant à nous, nous persisterons à croire que Napoléon resta toujours fidèle à la croyance de ses jeunes années, et que les fautes attestant la faiblesse de l'homme ne ternirent jamais la foi du chrétien.

XI. — LE PAPE ET LE DIVORCE.

On sait qu'à la suite de tristes démêlés entre l'empereur et le Pape, les états pontificaux furent annexés à la France, et que le Pape, enlevé de Rome, subit une longue détention. A Sainte-Hélène, lorsque Napoléon parlait de Pie VII, il dit à plusieurs reprises : « Le Pape était un bon vieillard, que j'ai toujours bien traité ! » Une pareille affirmation semble au moins fort hasardée dans sa bouche ; mais ne pourrions-nous pas en conclure qu'ici, comme pour le duc d'Enghien, il fut servi au delà de ses désirs par le zèle intempestif des subalternes.

Quelques rapides détails pourront jeter de la clarté sur cette question si délicate, et dont la solution est si difficile. Le Pape, sachant que le général Miollis allait publier le décret de réunion, pensa qu'il devait faire préparer un document pour annoncer à l'Europe catholique les nouveaux événements que l'on pouvait prévoir, et déclarer que les usurpateurs renonçaient à toute communion avec Rome. Nous avons assez longuement parlé dans un autre chapitre des droits du Pape à la souveraineté temporelle pour n'y plus revenir ; on doit donc comprendre en vertu de quels motifs Pie VII répondit par une bulle d'excommunication. Le matin du 10 juin 1809, au bruit de l'artillerie du château Saint-Ange, le pavillon pontifical fut descendu, et on éleva le pavillon français ; en même temps, on publia à son de trompe, dans tous les quartiers de la ville, la réunion à l'empire de tout ce qui restait des États romains. Ce décret fut lu par le cardinal Pacca au Pape, qui l'écouta avec beaucoup de tranquillité et de résignation ; puis il signa en silence les copies d'une protestation rédigée en langue italienne qu'on avait préparée, et qui fut affichée la nuit suivante. Le cardinal lui demanda ensuite s'il fallait donner cours à la bulle d'excommunication. Le Pape, un peu incertain, répondit qu'il l'avait relue, et que quelques expressions contre le gouvernement français lui semblaient un peu fortes. Le cardinal ayant insisté sur la nécessité de présenter un tableau saisissant des violences du gouvernement impérial, le saint-Père reprit : « Mais vous, que feriez-vous ? — Moi, après qu'un si grand acte a menacé nos ennemis, après qu'il a été espéré des populations, je le ferais ! Mais la demande de Votre-Sainteté me met en agitation. Élevez les yeux au ciel, Très-Saint-Père, et puis donnez-moi vos ordres. Soyez sûr que ce qui sortira de votre bouche sera ce que veut le Ciel. » Alors, le Saint-Père, se conformant au vœu du cardinal, resta quelques instants silencieux, puis il dit : « Eh bien ! donnez cours à la bulle ! » Il ajouta : « Qu'ils prennent bien garde, ceux qui exécuteront vos ordres, surtout qu'ils ne soient pas découverts : ils seraient certainement condamnés à être fusillés, et nous en serions inconsolable ! — Saint-Père, répondit le cardinal, je donnerai des instructions pour qu'on prenne toutes les précautions possibles, et qu'on ne se hasarde pas témérairement. Dieu, s'il veut cette opération, saura bien la protéger, la favoriser. « Dans la nuit du 10 au 11 juin la bulle fut affichée : « *Ne i luoghi soliti, e trà questi, nelle tre basiliche di San-Pietro, di santa Maria-Maggiore e di San-Giovanni,* aux endroits accoutumés, et, parmi eux, dans les basiliques de Saint-Pierre, Sainte-Marie-Majeure et Saint-Jean.» Ce fut un nommé Mingacci, qui eut le courage de poser les premières affiches. Quand on les découvrit, le général et toute la ville furent plongés dans la stupeur. On raconte (M. de Beauterne) que l'empereur, après la bataille d'Essling, était dans sa tente au milieu de ses généraux, quand le nonce du pape, arrivant de Vienne, demande une audience, pour accomplir un ordre de son souverain. Il est reçu par l'Empereur, auquel il remet un papier, en disant : « Sire, j'ai ordre de remettre cette bulle en mains propres à Votre Majesté. »

L'empereur décachète la missive, et lit avec une émotion concentrée la bulle d'excommunication. Alors levant les yeux et regardant fixement l'envoyé du Saint-Père, il lui dit : « Vous avez fait votre devoir, monsieur le nonce, c'est du courage à vous. Je vous estime. » Et pendant que le nonce se retirait, on l'entendit murmurer : « Quels hommes ! quel caractère ! »

Cependant, bientôt après, sous l'influence d'autres sentiments, relisant la bulle, il la froisse entre ses mains, en s'écriant : « Que peut-il ? J'ai 500,000 hommes sous mes ordres ! Sa foudre fera-t-elle tomber les armes des mains de mes soldats ? » Ces mots, dictés par l'orgueil froissé qui se révolte, sont loin du ricanement sceptique et railleur de l'incrédule. Non, sa foi était trop vive pour qu'il ne souffrît pas profondément en se voyant rayé du nombre des enfants de l'Eglise. On le vit souvent s'occuper avec anxiété des diverses excommunications prononcées contre les souverains, et cette pensée lui enleva plus d'une heure de sommeil. Au moment de ses luttes sacriléges avec l'Eglise, il n'obéissait qu'à des intérêts politiques, et sa foi religieuse n'était pas entamée ; il disait au duc d'Istrie : « Je ne suis que l'instrument de la Providence. Aussi longtemps qu'elle aura besoin de moi, elle me conservera ; quand je ne lui serai plus utile, elle me brisera comme un verre ! »

Peu de temps après la publication de la bulle, le général Miollis se décida à faire enlever le Pape. Nous avons vu que le général Radet fut chargé de cette triste exécution. Voici ce qui eut lieu ensuite.

Radet, la figure pâle et la voix tremblante, dit qu'obéissant à des ordres supérieurs, il était obligé de remplir une commission pénible ; qu'au nom de l'empereur, il lui intimait l'ordre de renoncer à la souveraineté temporelle de Rome et de l'Etat ; qu'en cas de refus, il devait le conduire au général Miollis, qui indiquerait le lieu de sa destination. Le Pape répondit : « Si vous avez cru devoir exécuter de tels ordres de l'empereur parce que vous lui avez fait serment de fidélité et d'obéissance, pensez de quelle manière nous devons, nous, soutenir les droits du Saint-Siége, auquel nous sommes lié par tant de serments. Nous ne pouvons ni céder ni abandonner ce qui n'est pas à nous. Le domaine temporel appartient à l'Eglise, et nous n'en sommes que l'administrateur. L'empereur pourra nous mettre en pièces, mais il n'obtiendra jamais cela de nous ! » On fit monter le Pape et le cardinal en voiture et on les entraîna rapidement hors de Rome : la voiture était escortée de gendarmes. Le général Radet s'était placé sur le siége. On pria Pie VII de baisser les rideaux, afin que les populations ne s'aperçussent pas de son passage. On se reposa le soir à Radicofani : le Pape était souffrant et abattu. Le lendemain, on rencontra une foule de peuples qui eut la permission de s'approcher, et de recevoir la bénédiction pontificale. Il en fut de même pour toutes les populations de la Toscane, au milieu desquelles il passa. Sur la route de Florence, par l'inadvertance des postillons qui couraient très-vite, une roue passa sur une élévation du chemin, et la voiture versa violemment. La roue se rompit, la caisse roula au milieu du chemin. Le Pape resta engagé sous le cardinal Pacca. Une foule considérable de peuple vint relever la voiture, en criant : *Santo Padre! Santo Padre!* Tandis qu'un gendarme ouvrait les portières, les autres cherchaient à éloigner le peuple qui, enflammé de colère, criait contre eux : *Ah! cani! cani!* Le général Radet, jeté dans une fondrière pleine d'immondices, se releva en injuriant les postillons. Le Pape, dégagé, sortit porté par le peuple qu'il cherchait à rassurer, et à apaiser.

Plus loin, quand il fut dirigé sur Alexandrie, des paysans, assemblés autour de la voiture, demandèrent la bénédiction. Le commandant fut obligé de s'arrêter, et de permettre au Saint-Père de les bénir. Ensuite, le Pape supplia l'un d'eux de lui apporter un peu d'eau fraîche. Ils étaient à genoux. Tous se levèrent à la fois : les uns coururent aux chevaux pour les arrêter, les autres se précipitèrent dans les cabanes, en proférant des cris d'empressement et de joie. On offrit à Sa Sainteté toute espèce de rafraîchissement. Il fallut prendre de toutes les mains qui présentaient, ou au moins toucher tout ce que l'on n'acceptait pas. Chacun criait : « Moi, Très-saint-Père ! moi ! — De tous... » répondait Pie VII avec émotion. En jetant dans la voiture les plus beaux fruits, un paysan, par deux mots énergiques : « *Vuole? dica?* Le voulez-vous? dites ? » propose au Pape de le délivrer en repoussant les soldats. Le Pape, avec un accent de tendre supplication, demande qu'on ne fasse aucune résistance, et se remet en route. Un peu plus loin, séparé de ses bagages et accablé par la chaleur, il demande à emprunter une chemise : un paysan lui en apporte une sur-le-champ, puis baisant avec transport la main qui le bénissait, il détache de la manche du Pape une épingle qu'il emporte, comme un gage précieux de son prêt. Ces témoignages de vénération l'escortent pendant toute sa route, mais ne peuvent lui faire oublier l'amertume dont son cœur est rempli. On sait que, transporté à Grenoble, puis à Savone, enfin à Fontainebleau, il souffrit patiemment, sans se départir de ses droits. Plusieurs années devaient s'écouler avant que l'Empereur le laissât retourner dans ses Etats.

Voici les faits. Maintenant voici l'explication du fait. Nous transcrirons d'abord une lettre du général de Montholon à M. de Beauterne, qui contient de précieux éclaircissements.

« Monsieur,

» Vous m'avez, à plusieurs reprises, demandé mon opinion sur les croyances religieuses du grand homme auquel j'ai fermé les yeux. Je n'ai pas cru devoir répondre : vous connaissez les motifs de mon silence. Votre lettre du 6 décembre m'oblige à regret à me départir de ce système, et à redresser des erreurs, auxquelles ma position d'écrivain consciencieux pourrait donner de la valeur.

» Comme homme, Napoléon croyait : comme roi, il jugeait la religion une nécessité, un moyen puissant pour gouverner.

» L'un des premiers actes de son avènement au pouvoir suprême, fut de relever les autels renversés par la tempête de 93, de rappeler les prêtres au milieu de leurs ouailles, et de les placer sous l'égide protectrice d'une loi fondamentale de l'État, le concordat de 1801.

» Il n'a jamais dit : « Le concordat fut la plus grande faute de mon règne. »

» Il n'a jamais demandé au Saint-Siége d'autoriser en France la suppression des couvents ou la vente de leurs biens. Les couvents étaient supprimés, et leurs biens vendus, en France et dans la république Cisalpine, longtemps avant qu'il ne revînt d'Égypte.

» Le mariage des prêtres n'a jamais été l'objet d'une négociation entre son cabinet et le Saint-Siége. Le célèbre Fox, lui reprochant de n'en avoir pas fait une des conditions du concordat, il lui répondit : « J'avais et j'ai besoin de pacifier : c'est avec de l'eau bénite, et non avec de l'huile bouillante, que l'on calme les plaies théologiques. »

» L'enlèvement du pape est le fait personnel du général Miollis : il n'a jamais été *prévu*, ni *ordonné* par l'Empereur.

» Une partie notable de la correspondance entre Napoléon et Pie VII, depuis 1805 jusqu'en 1809, est restée secrète : je le regrette. Ces lettres témoigneraient des opinions religieuses de l'Empereur, et de ses vues comme chef de l'empire d'Occident pour la gloire et la prospérité de l'Eglise catholique.

» Les querelles entre le cabinet des Tuileries et le Saint-Siége n'eurent jamais pour cause une question religieuse. Elles furent toutes politiques. Elles datent de 1805, époque à laquelle les escadres de la troisième coalition menaçaient les côtes d'Italie d'un débarquement anglo-russe.

» L'armement d'Ancône entrait dans le plan général de défense de l'Italie. L'empereur chargea son ambassadeur à Rome de le demander au gouvernement du Pape : il offrit un traité d'alliance offensive entre le roi d'Italie et la cour de Rome. Le Pape refusa, et répondit que, « père des fidèles, il ne pouvait entrer dans aucune ligue contre ses enfants, et ne pouvait ni ne voulait faire la guerre à personne. » L'empereur répliqua : « L'histoire des papes est pleine de leurs ligues avec les empereurs, les rois d'Espagne, ou les rois de France. Jules II a commandé des armées : en 1797, moi général Bonaparte, j'ai battu l'armée de Pie VI, combattant dans les rangs des Autrichiens la république française ; et puisque, de nos jours, les bannières de Saint-Pierre ont pu flotter saintement à côté des aigles d'Autriche, elles peuvent bien flotter sur les murs d'Ancône comme alliées de l'aigle de France. Cependant, par respect pour les scrupules du Saint-Père, je consens que le traité d'alliance soit restreint en cas d'attaque de la part des infidèles ou des hérétiques. »

» Les événements marchaient rapidement dans ces temps de lutte à mort entre l'Angleterre et la France : il fallait qu'Ancône fût occupée à tout prix. L'empereur, n'espérant rien des instances auprès du Saint-Siége et dominé qu'il était par l'intérêt du salut de ses états d'Italie, ordonna à la division Miollis de mettre garnison dans Ancône, et d'occuper militairement les Marches et les Légations. Le nonce quitta Paris sur l'heure, et ministre de la plus petite des puissances temporelles, il déclara sans hésiter la guerre au colosse de l'Empire français. Napoléon ordonna à son ambassadeur de rester à Rome, et d'affecter que rien ne fût changé dans les relations diplomatiques. La bataille d'Essling rendit un instant l'espérance aux ennemis de l'Empereur : en Italie, l'exaspération populaire se manifesta avec violence ; le cri de : « Mort aux Français ! » retentissait de tout côté. Le général Miollis avait à peine quelques mille baïonnettes disséminées sur une étendue de plus de 60 lieues; il gardait Rome avec moins de 1,500 hommes. Sa position était bien critique ; il ne vit de salut que dans la désobéissance à ses instructions, et ne recula pas devant l'effroyable responsabilité de violer la sainteté du Vicaire de Jésus-Christ.

» Il enleva le Pape au milieu de la nuit, et le fit conduire à Florence. La foudre n'a point d'effet plus subit : la stupeur la plus profonde remplaça, sur les places publiques et dans les montagnes, l'effervescence si menaçante de la veille.

» La grande duchesse de Toscane ne fut pas plus étonnée qu'un général eût osé désobéir à son frère, qu'elle ne fut effrayée de la responsabilité qui pèserait sur elle, si le Pape restait en Toscane. Elle expédia courrier sur courrier au quartier général, impérial et demanda avec instance, au général Miollis de diriger le cortége par le littoral sur les côtes de Gênes. Le général y consentit. Le Pape fut conduit à Savone.

» Rien n'égala le mécontentement de l'Empereur ; sa pensée profonde comprit instantanément tous les embarras qui naîtraient pour lui de l'enlèvement du Pape. Ses convictions religieuses ne furent pas moins froissées, et son premier mouvement fut d'ordonner de ramener, sur l'heure, le Pape à Rome. Mais tout à la fois les rêves du général Bonaparte, les projets de l'Empereur recevaient, de l'enlèvement du Pape, la possibilité d'être réalisés. Des trois obstacles qui s'étaient opposés à l'unité italique, deux avaient été levés par la volonté de l'Empereur ; le troisième, celui devant lequel cette volonté presque magique se croyait impuissante, la résidence des papes à Rome, venait de tomber. Une de ces combinaisons inexplicables du destin transportait la chaire de Saint-Pierre des bords du Tibre à ceux de la Seine. Paris serait la capitale du grand empire, et la résidence du Souverain-Pontife de 80 millions de catholiques. La puissance spirituelle des papes s'accroîtrait naturellement de la toute-puissance temporelle de l'Empereur. Les beaux temps de l'Eglise renaîtraient. Le déplacement du Pape était un fait acquis à la fortune de l'empire. Napoléon l'accepta, il eut tort ; mais, du moins, est-il certain qu'il ne fut pas dans sa volonté de porter atteinte à la sainteté du chef de l'Eglise. La lettre qu'il écrivait, en cette occasion, à l'évêque de Nantes, en serait une preuve au besoin : « Monsieur l'Evêque, soyez sans inquiétude : la politique de mes états est intimement liée avec le maintien et la puissance du Pape. Il me faut qu'il soit plus puissant que jamais. Il n'aura jamais autant de pouvoir que ma politique me porte à lui en donner. »

» L'enlèvement du Pape ne fut donc point un acte de la volonté de l'empereur. C'est un de ces funestes accidents, qui trop souvent adviennent en politique, comme dans le cours de la vie.

» Napoléon comprenait les intérêts de l'Eglise. Il les adjoignit constamment à ceux de la couronne, dans les méditations de son génie. Tout ce que l'Eglise catholique a retrouvé de puissance en France, depuis 40 ans, elle le lui doit !... » Nous aurons l'occasion de citer la fin de cette intéressante lettre de M. de Montholon, pour invoquer son témoignage sur la mort si chrétienne de l'Empereur. Ce fragment suffit pour nous montrer que Napoléon ne fit pas enlever le Pape. Il est bien difficile d'écrire l'histoire. Vus de trop près, les événements qui, placés au premier plan, obstruent les regards, nous empêchent de saisir l'ensemble, et les faits ne gardent plus pour nous leur importance relative; vus de trop loin, ils peuvent être aperçus en bloc, et dans leurs vrais rapports, mais alors les détails sont sacrifiés: et faute de détails la vérité peut être compromise. De part et d'autre, il peut y avoir, au moral, illusion d'optique. Un historien consciencieux pourra écrire que l'Empereur Napoléon fit enlever le pape Pie VII, et, sans croire sortir en rien des bornes de l'impartialité, entraîné par la logique des faits, il pourra imposer à ses lecteurs ce jugement sévère : Le fait de l'enlèvement d'un pape par un empereur est un scandaleux sacrilége, qui épouvante le monde catho-

lique ; le souverain qui a pu le commettre devait être
un homme dénué de tout principe moral et religieux !

Or, tout ce que nous avons dit tend à prouver qu'une
semblable conclusion serait une grossière erreur et une
criante injustice. Il faudra donc que, mieux informé, il
dise : *Sous le gouvernement de l'Empereur Napoléon,
le pape Pie VII fut enlevé ; le gouvernement accepta le
fait, le ratifia ; mais l'homme ne le commanda pas, et
le désavoua!* Le souverain céda aux exigences de sa politique; mais l'homme, profondément catholique, demeura
catholique. On le voit, le même fait présenté de ces
deux façons diverses change totalement de nature. Que
d'erreurs enregistrées par l'histoire, acceptées par l'opinion, et transmises à la postérité, sont dues à la phrase
incomplète d'un historien qui n'a voulu voir les événements qu'en bloc !

Pendant que le Pape était à Fontainebleau, l'empereur, irrité de sa résistance opiniâtre, fit réunir un conseil ecclésiastique composé de cardinaux et d'évêques.
Il y parut accompagné de ses officiers supérieurs, et ou-
vrit la séance par un long discours où, dévoilant son mécontentement, il annonçait les décisions les plus violentes
contre le Saint-Père. Tous les auditeurs courbaient la
tête devant la volonté du Tout-Puissant, lorsqu'il dit au
vénérable abbé Emery : « Monsieur, que pensez-vous
de l'autorité du Pape? — Sire, je ne puis avoir d'autre
sentiment sur ce point que celui contenu dans le catéchisme enseigné par vos ordres dans toutes les églises ;
et à la demande : « Qu'est-ce que le Pape? on répond
qu'il est le chef de l'Eglise, le vicaire de Jésus-Christ,
à qui tous les chrétiens doivent l'obéissance. Or, un
corps peut-il se passer de son chef, de celui à qui, de
droit divin, il doit l'obéissance? » Puis, le vénérable

abbé entra dans d'assez longues explications pour établir la puissance du Pape, ajoutant que, si on assemblait un concile, il n'aurait aucune valeur, s'il était disjoint par le Pape.

L'empereur murmura plusieurs fois le mot catéchisme, puis reprit : « Eh bien ! je ne vous conteste pas la puissance spirituelle du Pape, puisqu'il l'a reçue de Jésus-Christ ; mais Jésus-Christ ne lui a pas donné la puissance temporelle : c'est Charlemagne qui la lui a donnée, et moi, successeur de Charlemagne, je veux la lui ôter, parce qu'il ne sait pas en user, et qu'elle l'empêche d'exercer ses fonctions spirituelles. Monsieur Emery, que pensez-vous de cela ? »

M. Emery cita Bossuet pour prouver l'incontestable légitimité de ce pouvoir. Napoléon continua : « Je ne récuse pas l'autorité de Bossuet : tout cela était vrai de son temps, où l'Europe reconnaissait plusieurs maîtres, il n'était pas convenable que le Pape fût assujetti à un souverain particulier ; mais quel inconvénient il y a-t-il, que le Pape me soit assujetti, à moi, maintenant que l'Europe ne connaît d'autre maître que moi seul ? »

Ce fut avec une franchise et une hardiesse bien rares que M. Emery répliqua qu'il pouvait se faire que ces inconvénients n'eussent pas lieu sous le règne de l'Empereur, et qu'il ajouta : « Mais, Sire, vous connaissez, aussi bien que moi, l'histoire des révolutions : *ce qui existe maintenant, peut ne pas toujours exister.* A leur tour, les inconvénients prévus par Bossuet pourraient reparaître. Il ne faut donc pas changer un ordre si sagement établi ! »

Avant la fin de la séance, Napoléon demanda à l'un des évêques si ce que M. Emery lui avait dit sur la définition du Catéchisme était vrai. Sur sa réponse affirmative, Napoléon se disposa à se retirer. Quelques prélats voulaient excuser la liberté d'expressions de M. l'abbé Emery qui, fort âgé, ne savait plus les mesurer comme il eût été convenable. « Vous vous trompez, reprit l'empereur, je ne suis pas irrité contre l'abbé Emery, il a parlé comme un homme qui sait et possède son sujet. C'est ainsi que j'aime qu'on me parle. Monsieur Emery ne pense pas comme moi, mais chacun doit avoir ici son opinion libre. »

Lorsqu'il sortit, il salua le vieux prêtre avec un sentiment de respect et d'estime. Depuis, lorsque le cardinal Fesch voulait parler affaires ecclésiastiques à Napoléon, celui-ci disait : « Taisez-vous, vous êtes un ignorant ; où avez-vous appris la théologie ? C'est avec M. Emery, qui la sait, que je veux m'en entretenir. » Il disait quelquefois : « Un homme tel que M. Emery me ferait faire tout ce qu'il voudrait, et peut-être plus que je ne devrais. »

Les commentaires ici sont inutiles, ne voit-on pas qu'en faisant appel au chrétien, on pouvait modifier les sentiments de l'homme, les décisions du souverain ?

Pour en finir au plus vite avec les reproches, il ne nous reste plus que quelques mots à dire du divorce. Ce fut des fautes de Napoléon, la plus positive, la plus réelle, celle qui le mit le plus violemment et le plus directement en désaccord avec ses principes religieux. Souvent, à Sainte-Hélène, il parlait de Joséphine avec un sentiment d'affection, qui trahissait les regrets ; mais cette faute trouve, sinon sa justification, du moins son explication bien acceptable dans les hautes raisons politiques qui la dictèrent à l'Empereur. On sait que son mariage avec Joséphine Tascher de la Pagerie, veuve du général de Beauharnais, fut le résultat d'une inclination. Séparé d'elle peu de temps après leur union, par la guerre d'Italie, où il commandait en chef, les travaux si multipliés qui l'occupaient lui laissaient le temps de lui écrire des lettres tendres, passionnées, touchantes, dont plusieurs ont été recueillies par les biographes.

Cette affection était bien justifiée par les vertus de Joséphine, qui ne songeait qu'à répandre des bienfaits, sécher des larmes et soulager des misères. Elle eut une large part dans la clémence avec laquelle le premier consul traita ses ennemis tant royalistes que républicains. Beaucoup d'émigrés lui durent leur rentrée en France. Sa réputation était populaire, et on la considérait comme l'intermédiaire obligé par lequel devaient passer les faveurs descendues du trône impérial. Lorsque Napoléon perdit son neveu, le fils de Louis, qu'il regardait comme l'héritier de ses grandeurs, et qui devait perpétuer sa dynastie, il reconnut la nécessité d'un divorce. Cette mesure coûta à son cœur ; il attendit, hésita, avant d'adopter un parti définitif. L'inflexibilité de la politique finit par l'emporter, il fallait qu'il enlevât la couronne de la têteoù lui-même l'avait placée ; nulle femme ne pourrait se résigner sans lutte à une si grande infortune. Aux regrets légitimes d'une si éclatante prospérité, se joignait l'attachement de l'épouse : elle dût plus encore regretter sa place dans le cœur de Napoléon que sa place sur son trône. M. de Beausset nous a laissé un tableau touchant des scènes déchirantes qui eurent lieu dans l'intérieur impérial. Enfin l'officialité de Paris trouva, dans le mariage religieux, des défauts de forme qui l'annulaient. Le sénat trouva pour la rupture du mariage civil des raisons politiques, qui justifiaient le divorce : il fut prononcé. Mais la France aimait Joséphine, dont la fortune avait grandi avec la fortune publique ; on lui attribuait une secrète et bienfaisante influence, comme celle de la nymphe Egérie, et beaucoup voyaient en elle l'étoile de l'Empereur. Aussi, l'estime et la sympathie de tous l'escortèrent dans sa chute, et l'environnèrent jusqu'à sa mort. Napoléon bénit le ciel, qui l'avait empêchée d'être témoin de ses désastres !

XII. — SAINTE-HÉLÈNE.

C'est ici qu'enfin nous retrouvons Napoléon dans toute sa grandeur. Au double diadème du génie et de la gloire, il va joindre celui du malheur ! Après les plus incroyables succès, les revers les plus terribles ; après les fautes, l'expiation ! Et comme si dans la destinée merveilleuse d'un tel homme, Dieu n'avait voulu mesurer aucun événement à la stature du vulgaire, pour clore cette brillante épopée, il lui envoya la souffrance large et profonde comme son génie. « Dieu, nous a dit le cardinal Fesch, n'a pas voulu le perdre ; il ne l'a pas écrasé, il ne l'a pas jeté au feu, il l'a humilié. » De cette humiliation sortira le salut ; nous verrons Napoléon, courbé sous la main divine, bénir cette main, et revenir sincèrement au Dieu qui l'a frappé. C'est ici que ses actes et ses paroles nous le montreront irrévocablement chrétien. La nation qui servit d'instrument à ce grand acte de réparation commit un lâche attentat ; ce fut un meurtre accompli lentement, et de sang-froid. La haine des Anglais put se satisfaire à loisir sur l'auguste prisonnier : vexations odieuses et continuelles, injures, outrages, rien ne lui fut épargné. Ce long supplice moral eût été au-dessus des facultés d'un homme ordinaire. Ils n'ont pas compris qu'à toutes les gloires de cet homme désarmé, martyr de sa loyauté et de leur perfidie, de leur haine aussi brutale qu'aveugle, ils ajoutaient le magnifique prestige de l'infortune ! que sur cette tête sacrée, ils appelaient un intérêt, une sympathie de plus! qu'ils souillaient leur patrie d'une tache ineffaçable ! que dans son histoire, ils écrivaient une page infâme ! qu'ils auraient à rougir devant la civilisation et la postérité ! qu'enfin, à tout cœur Français, Napoléon mourant léguait une offense à venger !

Le contre-amiral sir Georges Cockburn, qui commandait l'escadre qui conduisit l'empereur à Sainte-Hélène, fut gouverneur de l'île jusqu'à l'arrivée de sir Hudson Lowe. Napoléon se plaît à rendre justice à la loyauté de son caractère. Il fut bientôt remplacé par sir Hudson Lowe. Ce dernier avait autrefois commandé dans les Calabres une légion de Napolitains et de Corses fugitifs, qui s'étaient souillés de crimes pendant la guerre soutenue par Paoli. De là des préventions haineuses de sa part ; et puis, un travers de son caractère qui faisait d'une méfiance extrême la base de sa conduite en toutes choses, tels sont les sentiments qui ont dominé les actes de son administration. Souvent, au milieu de la nuit, il rêvait la fuite de son prisonnier, se levait en hâte, et accourait comme un fou à Longwood, pour s'assurer que son rêve n'était pas une réalité.

Voici les motifs que le général de Montholon assigne à la conduite de ce farouche geôlier, qui transforma les dernières années de la vie de l'Empereur en un supplice de tous les jours. Peu de temps après son arrivée, il avait déjà inspiré une insurmontable aversion à son prisonnier, qui, par l'élévation de son ame, sa profonde dignité et sa constante bonté pour ceux qui l'entouraient, sut toujours imprimer le respect. Mais parfois son cœur débordait, et il laissait échapper des plaintes amères, comme des cris intermittents arrachés par le redoublement d'une souffrance aiguë... « J'ai vu disait-il, des cosaques, des kalmoucks, mais jamais, dans toute ma vie, je n'ai vu un homme aussi laid et aussi repoussant : il porte le crime empreint sur le visage ! — Plus ils me persécuteront, et mieux cela vaudra, et le monde verra quelle est la rage de mes persécuteurs. Avant peu, ils renverront de l'île tous ceux qui me sont attachés, et quelque jour, ils me massacreront ! — ...Je voudrais qu'on eût donné l'ordre de me faire *dépêcher* ! Je n'aimerais pas commettre un suicide, car j'ai toujours blâmé cet acte ; j'ai fait vœu d'avaler la coupe jusqu'à la lie, mais je me réjouirais qu'on envoyât l'ordre de me faire mourir ! »

L'horreur de Napoléon pour Hudson Lowe était portée si loin, qu'un jour, à la suite d'une entrevue, il fit jeter par la fenêtre une tasse de café sur laquelle s'était arrêté un instant le regard du gouverneur. Il dit à ce propos au comte de Las Cases : « Mon Dieu ! c'est une figure bien sinistre ! J'ose à peine le dire, mais c'est à ne pas prendre une tasse de café, s'il était demeuré un seul instant auprès ! »

Sa pensée constante était que ses persécuteurs voulaient, par le désespoir, le porter au suicide ; mais il résista toujours à une pareille suggestion ; il dit à O'Meara : « J'ai toujours eu pour maxime qu'un homme montre plus de vrai courage en supportant les calamités et en résistant aux malheurs qui lui arrivent, qu'en se débarrassant de la vie. Le suicide est l'acte d'un joueur qui a tout perdu ou d'un prodigue ruiné, et n'est qu'un man-

que de courage, au lieu d'en être la preuve... Le premier principe de la morale chrétienne est ce grand
devoir imposé à l'homme de suivre sa destinée quelle
qu'elle soit : il m'empêchera toujours de mettre moi-
même un terme à l'horrible existence de Sainte-Hélène! »

Voici un échantillon des décrets publiés par le gouverneur. Ce morceau plus éloquent que toutes les phrases
nous apprendra comment il traitait son prisonnier :

« 1° La plaine de Longwood, et la route le long de
la montagne, près de Hut's Gate, jusqu'au canon du
signal près du poste d'alarme, seront désormais les
limites.

» 2° Des sentinelles indiqueront les limites extérieures, ainsi que celles hors desquelles personne ne pourra
s'approcher de Longwood et des jardins, sans la permission du gouverneur.

» 3° La route à gauche de Hut's Gate, et conduisant
à Longwood par Woody Ridge, n'ayant jamais été fré-
quentée par le général Bonaparte depuis l'arrivée du
gouverneur, les postes chargés de l'observer seront en
partie relevés. Si cependant il témoignait un jour ou
l'autre le désir de s'y promener, il en serait le maître
et n'éprouverait aucun empêchement, pourvu qu'il en
prévînt à l'avance l'officier d'ordonnance.

» 4° S'il veut étendre sa promenade d'un autre côté,
et qu'il en prévienne à temps, un officier d'état-major
du gouverneur sera toujours disposé à l'accompagner,
et si quelque circonstance l'en empêchait, un officier
d'ordonnance de Longwood pourra le suivre.

» L'officier chargé d'escorter le général Bonaparte a
ordre de ne s'approcher que sur sa demande, et de ne
s'occuper en rien de sa promenade, tant que son devoir
ne s'y trouvera pas compris. S'il remarquait qu'il s'éloi-

gnât quelque peu des bornes établies, un officier s'avancerait respectueusement vers lui, et le lui ferait observer.

» 5° Les ordres déjà en vigueur pour empêcher toute communication avec des personnes autres que celles qui habitent Longwood, sans la permission du gouvernement, seront strictement observés. En conséquence *le général Bonaparte est prié de s'abstenir d'entrer dans aucune maison ou de tenir aucune conversation avec les personnes qu'il pourrait rencontrer, se bornant au salut ordinaire de politesse,* avec laquelle chacun aura ordre de le traiter, à moins qu'il ne soit en présence d'un officier anglais.

» 6° Les personnes qui, d'après le consentement du général Bonaparte, recevront des laissez-passer du gouverneur pour le visiter, ne pourront s'en servir pour communiquer avec les autres personnes de sa maison, à moins que cela ne soit expressément signifié sur le laissez-passer.

» 7° Au coucher du soleil, l'enclos du jardin autour de la maison de Longwood sera considéré comme limite. Des sentinelles seront placées, mais de manière à ne pas blesser par leur présence le général Bonaparte. S'il continue de se promener dans le jardin, elles se replieront autour de la maison comme par le passé, pendant la nuit, et les barrières seront fermées jusqu'à ce que les sentinelles aient été relevées le matin d'autour de la maison et de l'intérieur du jardin.

» 8° Toutes les lettres pour Longwood seront remises par le gouverneur sous une enveloppe cachetée, et le paquet envoyé à l'officier d'ordonnance qui le délivrera cacheté à tout officier de service auprès du général Bonaparte. Par ce moyen, celui-ci restera convaincu que le contenu n'en sera point connu d'autre personne que du gouverneur.

» Toutes les lettres des habitants de Longwood devront être remises de la même manière à l'officier d'ordonnance, portées au gouverneur sous une enveloppe extérieure cachetée, ce qui leur sera une garantie que personne que lui ne connaîtra leur contenu.

» 9° Il ne sera reçu ni envoyé aucune lettre, aucune *communication écrite de quelque nature qu'elle puisse être* ne pourra être faite qu'autant qu'on se sera conformé d'avance à la règle établie. Toute correspondance avec l'île est absolument défendue, à l'exception de celle indispensable avec le pourvoyeur. Les notes de cette correspondance devront être remises ouvertes à l'officier d'ordonnance, qui sera chargé de les faire tenir audit pourvoyeur.

» Les changements ci-dessus seront mis en vigueur à partir du 10.

> » Signé HUDSON LOWE.

» Sainte-Hélène, 9 octobre 1816. »

A partir de cette époque, Napoléon qui avait besoin pour sa santé de monter à cheval tous les jours, fut obligé de s'interdire cet exercice. Il était fréquemment indisposé. « Ou il fait, dit-il, un vent furieux mêlé de brouillard, qui me fait enfler le visage lorsque je sors ; ou bien, un soleil qui me brûle le cerveau faute d'ombre ; ils me font habiter exprès la plus mauvaise partie de l'île. Lorsque j'étais aux Briars, j'avais au moins l'avantage d'une promenade ombragée, et d'un climat doux ; mais ici, on arrivera plus vite au but que l'on se propose ! »

Il avait aussi à se plaindre de l'insuffisance et de la

mauvaise qualité des aliments. O'Meara dit dans son journal. « On a demandé le 10. à sir Hudson Lowe, de permettre à Cipriani d'aller dans la vallée, sous la garde d'un soldat, pour acheter un mouton et des légumes aux Français, parce que la viande envoyée par le gouvernement n'était pas mangeable. Sir Hudson s'y est refusé : la ration de viandes, vin, etc., est transportée chaque jour à Longwood, en plein soleil, et la plupart de ces objets se gâtent en route... Napoléon fit ensuite quelques observations sur la mauvaise qualité du vin fourni à Longwood. Il ajouta que lorsqu'il était sous-lieutenant d'artillerie, il avait une meilleure table et buvait de meilleur vin qu'à présent !...

» Aujourd'hui, le major Gorreguer me dit dans le cours de la conversation que nous avons eue relativement à l'approvisionnement de Longwood, que sir Hudson Lowe avait observé que tout soldat qui servait de domestique au général Bonaparte à Longwood, était indigne de recevoir la ration. Sir Thomas Read m'a prié de lui faire obtenir une partie de l'argenterie de Napoléon entière, parce que, disait-il, elle se vendrait mieux dans cet état que si elle était brisée... »

Voici où en était réduit le maître de l'Europe :

« Une grande partie de la vaisselle plate de l'Empereur a été brisée : les armes impériales et les aigles en ont été retranchées et mises à part. Le comte Montholon a été demander au capitaine Poppleton un officier pour l'accompagner à James Town, afin de disposer de son argenterie ; le capitaine en a fait prévenir de suite le gouverneur par une ordonnance, et sir Hudson Lowe lui a fait donner l'ordre de prévenir le comte Montholon que l'argent produit par la vente de l'argenterie ne lui serait pas remis, mais qu'il serait déposé entre les mains de M. Balcoucba le pourvoyeur, pour l'usage du général Bonaparte... »

Ces vexations, ces souffrances physiques n'étaient rien auprès des tortures morales qu'on lui infligeait, avec une cruauté persévérante. Citons toujours O'Meara :

« J'ai vu sir Hudson Lowe à Plantation House ; je l'ai trouvé occupé à examiner quelques journaux pour Longwood. Il en a mis plusieurs de côté comme n'étant pas, selon lui, propres à être communiqués à Napoléon. Il me fit en même temps, l'observation que quelque étrange que cela pût paraître, le général Bonaparte devait lui savoir gré de ce qu'il ne lui envoyait pas tous les journaux indistinctement, attendu que la lecture d'articles écrits en sa faveur pourraient exciter en lui des espérances qui, si elles n'étaient définitivement pas réalisées, ne pouvaient pas manquer de l'affliger ; que d'ailleurs le gouvernement anglais ne jugeait pas à propos de lui faire savoir tout ce qui s'écrivait dans les journaux.

» Sir Thomas Read est très-occupé à faire circuler dans la ville que le général Bonaparte est d'une humeur chagrine, qu'il ne veut voir personne ; que le gouverneur a poussé la bonté trop loin à son égard, et que l'on devrait le mettre aux fers ! »

Mais voici un fait plus odieux encore ; il nous prouve que, pour ces bourreaux, rien n'était sacré !

Napoléon dit à O'Meara: « J'ai appris que le botaniste (ce botaniste avait conversé avec Marie-Louise et son fils) est sur le point de partir, sans que je l'aie vu. Dans les contrées les plus barbares, on ne refuserait pas, même à un condamné à mort, la consolation de converser avec une personne qui aurait vu depuis peu sa femme et son enfant. Même dans les temps où celle des cours de justice que l'on peut regarder comme la plus exécrable, le tribunal révolutionnaire de France, exerçait son funeste pouvoir, on ne connaissait pas un tel excès de barbarie et d'oubli de tous les sentiments d'humanité ; et votre nation, si renommée pour son libéralisme, se permet de pareilles infamies! J'ai appris que ce botaniste a demandé à me voir, et qu'on lui en a refusé la permission. Dans ma lettre à Las Cases, que le gouverneur a lue, je me plaignais de cette conduite, comme d'une aggravation de ma peine; et par là, je formais la demande de le voir. Si je m'y fusse pris d'une autre manière, je me serais exposé à recevoir un refus de la part de ce bourreau. C'est le comble de la cruauté. Il faut être bien barbare pour refuser à un époux, à un père, la consolation d'entretenir une personne qui a vu sa femme depuis peu, et touché son enfant (ici la voix de Napoléon s'affaiblit), et lorsque par la cruelle politique de quelques individus, il est pour toujours privé des embrassements de ces personnes chéries. Les anthropophages de la mer du Sud n'en feraient pas autant : avant de dévorer leurs victimes, ils leur permettent de se voir et de converser ensemble, loin de leur refuser cette dernière consolation. Les cannibales désapprouveraient les cruautés que l'on exerce ici ! »

O'Meara dit dans son journal : « Le bruit a couru en ville que l'on avait apporté sur le *Baring* un petit buste en marbre du jeune Napoléon, et que sir Thomas Read avait commandé au capitaine de ce bâtiment de le jeter par-dessus le pont, et de n'en rien dire. Ce fait a été affirmé devant Cipriani, et devant moi par le capitaine***, qui a affirmé que le capitaine du *Baring* avait assuré qu'on lui avait fait des propositions à ce sujet. »

Quelques jours après, on se décida à remettre ce buste, et Napoleon dit qu'il savait bien ce qui s'était passé : il ajouta que si on ne le lui avait pas donné, il se serait décidé à faire quelque plainte, qui aurait fait dresser les cheveux sur la tête de tout Anglais.

« J'aurais dit des choses qui eussent fait exécrer cet Hudson Lowe par toutes les mères d'Angleterre, comme un monstre à figure humaine. J'ai su qu'il avait délibéré sur ce sujet, et aussi que son premier ministre Read avait ordonné que le buste fût brisé : je suis sûr qu'il s'est consulté avec ce petit major qui lui a fait entendre que ce serait couvrir pour toujours son nom d'ignominie ; et que sa femme lui aura fait une semonce le soir sur l'atrocité d'un pareil procédé. Il en a cependant assez fait pour déshonorer son nom en gardant le buste si longtemps, en faisant naître un doute sur son envoi ! » Enfin ce buste fut apporté. « Peu d'instants après, Napoléon me fit appeler (O'Meara): il l'avait fait placer sur la cheminée dans le salon : « Regardez cela, dit Napoléon, voyez cette figure. L'homme qui voudrait briser une telle image, ne serait-il pas un barbare, un monstre? Pour moi je le regarderais comme plus méchant que celui qui donne du poison à un autre ; car il est probable que celui-ci est toujours excité par l'appât de quelque gain, tandis que le premier ne serait poussé que par la plus noire atrocité, et qu'il serait capable de commettre tous les crimes. Cette physionomie toucherait le cœur de la bête sauvage la plus féroce : l'homme qui a donné des ordres pour briser cette image plongerait un couteau dans le cœur de l'original, s'il était en son pouvoir. »

Napoléon, étonné de voir jusqu'où pouvait aller la méchanceté humaine, hésite à lui attribuer les actes d'Hudson Lowe : il les met sur le compte de son incapacité. *Qualche volte lo credo un boja ch'e venuto per assassinarmi, mà è piuttosto un nomo incapace e senza cuore, chè non capisce il suo impiego.*

« Je pense, dit-il ailleurs, que votre nation saura bien peu de gré à ce gouverneur de l'avoir ainsi déshonorée, par une conduite qui sera consignée dans l'histoire. Vous êtes fiers, et vous avez l'honneur national plus à cœur que l'argent, ainsi que l'attestent les millions que vos lords répandent tous les ans en France, et dans d'autres parties du continent, pour soutenir et élever le nom anglais. La noblesse et la haute bourgeoisie, la *nobility* et le *gentry*, auraient volontiers donné des millions pour éviter la tache d'infamie que cet *imbécile* imprime sur votre nation !... »

Ce fut, au milieu de ces atroces vexations, de ces souffrances incessantes, que Napoléon se donna sans arrière-pensée à Dieu. Errant tristement sur cette plage désolée avec quelques compagnons d'exil, son ame se dégageait chaque jour davantage des biens terrestres, et s'élançait vers la Divinité. Alors sortaient de sa bouche ces paroles si frappantes qui, recueillies par ses auditeurs et rassemblées par M. de Beauterne, forment un résumé sublime de notre doctrine religieuse. Il ne nous reste plus qu'à les transcrire avec un pieux respect, et une profonde admiration.

Un soir, la conversation avait pris un tour très-élevé ; il s'agissait de la divinité de Jésus-Christ. Un des généraux ne voulait voir en lui qu'un sage, un philosophe. Napoléon répondit :

» Je connais les hommes, et je vous dis que Jésus n'est pas un homme.

» Les esprits superficiels voient de la ressemblance entre le Christ et les fondateurs d'empires, les conquérants et les dieux des autres nations. Cette ressemblance n'existe pas. Il y a entre le christianisme, et quelque religion que ce soit, la distance de l'infini.

» Le premier venu tranchera la question comme moi, pourvu qu'il ait une vraie connaissance des choses et l'expérience des choses.

» Quel est celui de nous qui, envisageant avec cet esprit d'analyse et de critique que nous avons, les différents cultes des nations, ne puisse dire en face à leurs auteurs : « Non, vous n'êtes ni des dieux, ni des agents de la Divinité ; non, vous n'avez point de mission du ciel. Vous êtes plutôt les missionnaires du mensonge ; mais à coup sûr, vous fûtes pétris du même limon que le reste des mortels. Vous êtes bien de la race et de la famille d'Adam. Vous ne faites qu'un avec toutes les passions et tous les vices qui en sont inséparables, tellement qu'il a fallu les déifier avec vous. Vos temples et vos prêtres proclament eux-mêmes votre origine. Votre histoire est celle des inventeurs du despotisme. Si vous exigeâtes de vos sujets le culte et les honneurs qui ne sont dus qu'à Dieu seul, vous fûtes inspirés par l'orgueil naturel au rang suprême. Et certainement ce ne fut ni la liberté, ni la conscience qui vous obéirent d'abord, mais la bassesse, le besoin et l'amour du merveilleux, l'ignorance et la superstition ; voilà vos premiers adorateurs. »

» Tel sera le jugement, le cri de la conscience de quiconque interrogera les dieux ou les temples du paganisme.

» Reconnaître la vérité est un don du ciel et le caractère propre d'un excellent esprit ; mais il n'est personne qui ne puisse rejeter tout de suite le mensonge. Ce qui est faux répugne, et se reconnaît à une simple vue.

» Eh bien ! il s'élève constamment un flot sans cesse renaissant d'objections, contre la vraie religion, soit. D'où vient qu'on n'en fait aucune contre les fausses ? C'est que tout le monde sans hésiter les croit fausses.

» Jamais le paganisme fut-il accepté comme la vérité absolue par les sages de la Grèce, ni par Pythagore, ni par Socrate, ni par Platon, ni par Anaxagore ou par Périclès ?

» Ces grands hommes se récréaient avec les récits du bon Homère, comme avec les riantes imaginations de la fable, mais ils ne les adoraient pas.

» Au contraire, les plus grands esprits, depuis l'apparition du christianisme, ont eu la foi, et une foi vive, une foi pratique aux mystères et aux dogmes de l'Evangile, non-seulement Bossuet et Fénelon, dont c'était l'état de le prêcher, mais Descartes et Newton, Leibnitz et Pascal, Corneille et Racine, Charlemagne et Louis XIV. D'où vient cette singularité, qu'un symbole aussi mystérieux et obscur que le symbole des apôtres, ait été reçu par nos plus grands hommes, tandis que des Théogonies puisées dans les lois de la nature et qui n'étaient, à vrai dire, que des explications systématiques du monde, n'ont pu parvenir à en imposer à aucun homme instruit ? Qu'est-ce qui a le plus médit de l'Olympe païen, sinon les païens ?

» La raison en est bien naturelle ; derrière le voile de la mythologie, un sage aperçoit tout de suite la marche et les lois des sociétés naissantes, les illusions et les passions du cœur humain, les symboles et l'orgueil de la science.

» La mythologie est la religion de la fantaisie. Les poètes, en déifiant leurs rêves, suivirent la pente naturelle à notre esprit, qui exagère sa puissance, jusqu'à s'adorer lui-même, parce qu'il ignore ses limites.

» Ici, tout est humain, tout crie en quelque sorte :
« Je suis l'œuvre de la créature. » Cela saute aux yeux,
tout cela est imparfait, incertain, incomplet, les contradictions fourmillent. Tout ce merveilleux de la fable amuse
l'imagination, mais ne satisfait pas la raison.

» Ce n'est point avec des métaphores ni avec de la
poésie qu'on explique Dieu, qu'on parle de l'origine du
monde et qu'on révèle les lois de l'intelligence.

» Le paganisme est l'œuvre de l'homme. On peut
lire ici notre imbécillité et notre cachet qui sont écrits
partout.

» Que savent-ils de plus que les autres mortels, ces
dieux si vantés, ces législateurs grecs ou romains : ces
Numa, ces Lycurgue, ces prêtres de l'Inde et de Mem-
phis, ces Confucius, ces Mahomet? Rien absolument.

» Ils ont fait un vrai chaos de la morale ; mais en
est-il un seul d'entre eux, qui ait dit rien de neuf relativement à notre destinée à venir, à notre ame, à l'essence de Dieu et à la création? Les Théosophes ne nous
ont rien appris de ce qu'il nous importe de savoir, et
nous ne tenons d'eux aucune vérité essentielle. La question religieuse n'est pas même entamée par eux, tant
leur theogonie est embrouillée, confuse, obscure.

» Il est une vérité primitive qui remonte au berceau
de l'homme, qu'on retrouve chez tous les peuples, écrite
par le doigt de Dieu dans notre ame, la loi naturelle, d'où
dérive le devoir, la justice, l'existence de Dieu, la connaissance de ce que c'est que l'homme composé d'un
esprit et d'un corps.

» Une seule religion accepte pleinement la loi naturelle, une seule s'en approprie les principes, une seule
en fait l'objet d'un enseignement perpétuel et public.
Quelle est cette religion? le christianisme.

» La loi naturelle chez les païens, au contraire, était méconnue, défigurée, modifiée par l'égoïsme et dépendante de la politique. On la tolérait, mais on n'en connaissait pas le caractère sacré. Cette loi n'avait ni temple, ni d'autre asile que le langage, où Dieu la conservait par une sagesse de sa providence.

» La mythologie est un temple consacré à la force, aux héros, à la science, aux bienfaits de la nature. Les sages n'y ont pas de place : en effet, les sages sont les ennemis naturels de cette idolâtrie qui divinise la matière.

» Aussi, pénétrez dans les sanctuaires, vous n'y trouvez ni l'ordre, ni l'harmonie, mais un vrai chaos, mille contradictions, la guerre entre les dieux, l'immobilité de la sculpture, la division et le déchirement de l'unité, le morcellement des attributs divins, altérés ou niés dans leur essence, les sophismes de l'ignorance et de la présomption, des fêtes profanes, le triomphe de la débauche, l'impureté et l'abomination adorées, toutes les sortes de corruption gisant parmi d'épaisses ténèbres avec un bois pourri, l'idole et son prêtre. Est-ce là ce qui glorifie Dieu, ou ce qui le déshonore ?

» Sont-ce là des religions et des dieux à comparer au christianisme ?

» Pour moi, je dis non. J'appelle l'Olympe entier à mon tribunal. Je juge les dieux, mais je suis loin de me prosterner devant de vains simulacres. Les dieux, les législateurs de l'Inde et de la Chine, de Rome et d'Athènes, n'ont rien qui m'en impose. Non pas que je sois injuste à leur égard ! Non, je les apprécie parce que j'en sais la valeur. Sans doute les princes dont l'existence se fixa dans la mémoire, comme une image de l'ordre et de la puissance, comme un idéal de la force et de la beauté ne furent point des hommes ordinaires.

» Mais il faut calculer aussi dans ces résultats l'ignorance de ces premiers âges du monde. Cette ignorance
fut grande, puisque les vices furent divinisés avec les
vertus, tant l'imagination joua le rôle principal dans
cette séduction curieuse ! Ainsi la violence, la richesse,
tous les signes et l'orgueil de la puissance, l'amour du
plaisir, la volupté sans frein, l'abus de la force, sont les
traits saillants de la biographie des dieux, tels que la fable
et les poètes les présentent, et nous en font un naïf récit.

» Je ne vois dans Lycurgue, Numa, Confucius et
Mahomet, que des législateurs qui, ayant le premier
rôle dans l'État, ont cherché la meilleure solution du
problème social ; mais je ne vois rien là qui décèle la
divinité ; eux-mêmes n'ont pas élevé leurs prétentions
si haut.

» Il est évident que la postérité seule a divinisé les
premiers despotes, les héros, les princes des nations et
les instituteurs des premières républiques. Pour moi je
reconnais ces dieux et ces grands hommes pour des êtres
de la même nature que moi. Leur intelligence après tout,
ne se distingue de la mienne que d'une certaine façon.
Ils ont primé, rempli un grand rôle dans leur temps,
comme j'ai fait moi-même. Rien chez eux n'annonce des
êtres divins ; au contraire, je vois de nombreux rapports
entre eux et moi, je constate des ressemblances, des
faiblesses et des erreurs communes qui les rapprochent
de moi et de l'humanité. Leurs facultés sont celles que
je possède moi-même ; il n'y a de différence que dans
l'usage que nous en avons fait, eux et moi, selon le but
différent que nous nous sommes proposé, et selon le pays
et les circonstances...

» Il n'en est pas de même du Christ. Tout de lui m'é-
tonne ; son esprit me dépasse et sa volonté me confond.

Entre lui et quoi que ce soit au monde, il n'y a pas de terme possible de comparaison. Il est vraiment un être à part : ses idées et ses sentiments, la vérité qu'il annonce, sa manière de convaincre, ne s'expliquent ni par l'organisation humaine, ni par la nature des choses.

» Sa naissance est l'histoire de sa vie, la profondeur de son dogme qui atteint vraiment la cime des difficultés, et qui en est la plus admirable solution ; son Evangile, la singularité de cet être mystérieux, son apparition, son empire, sa marche à travers les siècles et les royaumes, tout est pour moi un prodige, je ne sais quel mystère insondable... qui me plonge dans une rêverie dont je ne puis sortir, mystère qui est là sous mes yeux, mystère que je ne peux nier, et que je ne puis expliquer non plus.

» Ici je ne vois rien de l'homme.

» Plus j'approche, plus j'examine de près, tout est au-dessus de moi, tout demeure grand d'une grandeur qui écrase, et j'ai beau réfléchir, je ne me rends compte de rien...

» Sa religion est un secret à lui seul et provient d'une intelligence qui, certainement, n'est pas une intelligence de l'homme. Il y a là une originalité profonde qui crée une série de mots et de maximes inconnues. Jésus n'emprunte rien à aucune de nos sciences. On ne trouve absolument qu'en lui l'imitation ou l'exemple de sa vie. Ce n'est pas non plus un philosophe, puisqu'il procède par des miracles, et dès le commencement ses disciples sont ses adorateurs. Il les persuade bien plus par un appel au sentiment, que par un déploiement fastueux de méthode et de logique ; aussi ne leur impose-t-il ni des études préliminaires, ni la connaissance des lettres. Toute sa religion consiste à croire.

» En effet, les sciences et la philosophie ne servent de rien pour le salut, et Jésus ne vient dans le monde que pour révéler les secrets du ciel et les lois de l'esprit.

» Aussi n'a-t-il affaire qu'à l'ame, il ne s'entretient qu'avec elle, et c'est à elle seule qu'il apporte son Evangile.

» L'ame lui suffit comme il suffit à l'ame. Jusqu'à lui, l'ame n'était rien, la matière et le temps étaient les maîtres du monde. A sa voix, tout est rentré dans l'ordre. La science et la philosophie ne sont plus qu'un travail secondaire. L'ame a reconquis sa souveraineté. Tout l'échafaudage scolastique tombe comme un édifice ruiné par un seul mot : la foi.

» Quel maître, quelle parole qui opère une telle révolution ! Avec quelle autorité il enseigne aux hommes la prière, il impose ses croyances ! Et nul ici ne peut contredire, d'abord parce que l'Evangile contient la morale la plus pure, et ensuite parce que le dogme, dans ce qu'il contient d'obscur, n'est autre chose que la proclamation et la vérité de ce qui existe là où nul œil ne peut voir, et où nul raisonnement ne peut atteindre.

» Quel est l'insensé qui dira : Non, au voyageur intrépide qui raconte les merveilles des pics glacés, que lui seul a eu l'audace de visiter ?

» Le Christ est ce hardi voyageur. On peut demeurer incrédule, sans doute ; mais on ne peut pas dire : cela n'est pas.

» D'ailleurs, consultez les philosophes sur ces questions mystérieuses qui sont l'essence de l'homme, et aussi l'essence de la religion ; quelle est leur réponse, quel est l'homme de bon sens qui a jamais rien compris aux systèmes de la métaphysique ancienne et moderne qui ne sont vraiment qu'une vaine et pompeuse idéologie, sans aucun rapport avec notre vie domestique, avec nos passions? Sans doute, à force de réfléchir, on parvient à saisir la clef de la philosophie de Socrate et de Platon; mais il faut être métaphysicien, et il faut de plus avec des années d'étude, une aptitude spéciale. Mais le bon sens tout seul, le cœur, un esprit droit suffisent pour comprendre le christianisme.

» La religion chrétienne n'est pas de l'idéologie, ni de la métaphysique, mais une règle pratique qui dirige les actions de l'homme qui le corrige, le conseille et l'assiste dans toute sa conduite. La Bible offre une série complète de faits et d'hommes historiques, pour expliquer le temps et l'éternité, telle qu'aucune autre religion n'est à même d'en offrir ; si ce n'est pas la vraie religion, on est excusable de s'y tromper ; car tout cela est grand et digne de Dieu.

» Je cherche en vain dans l'histoire pour y trouver le semblable de Jésus-Christ, en quoi que ce soit qui approche de l'Evangile. Ni l'histoire, ni l'humanité, ni les siècles, ni la nature ne m'offrent rien avec quoi que je puisse le comparer ou l'expliquer. Ici tout est extraordinaire ; plus je le considère, plus je m'assure qu'il n'y a rien là qui ne soit en dehors de la marche des choses et au-dessus de l'esprit humain.

» Les impies eux-mêmes n'ont jamais osé nier la sublimité de l'Evangile qui leur inspire une sorte de vénération forcée ! Quel bonheur ce livre procure à ceux qui y croient ! Que de merveilles y admirent ceux qui l'ont médité !

» Tous les mots y sont scellés et solidaires l'un de l'autre, comme les pierres d'un même édifice. L'esprit qui lie les mots entre eux, est un aimant divin qui tour à tour en découvre le sens, ou le cache à l'esprit. Chaque phrase a un sens complet, qui retrace la perfection de l'unité et la profondeur de l'ensemble, livre unique où l'esprit trouve une beauté morale inconnue jusque là, et une idée de l'infini supérieure à celle-même qui suggère la création. Quel autre que Dieu pouvait produire ce type, cet idéal de perfection, également exclusif et original, où personne ne peut critiquer ni ajouter, ni retrancher un seul mot, livre différent de tout ce qui existe, absolument neuf, sans rien qui le précède et sans rien qui le suive.

» Vous parlez de Confucius, de Zoroastre, de Numa, de Jupiter et de Mahomet ; mais il y a entre eux et le Christ cette différence que, de même que tout ce qu'il a fait est d'un Dieu, il n'est rien chez eux qui ne soit d'un homme. L'action de ces mortels fut bornée à leur vie, et ce fut, de leur vivant, qu'ils établirent leur culte à l'aide des passions, avec la force et à la faveur des événements politiques.

» Le Christ attend tout de sa mort : est-ce là l'invention d'un homme ? Non, c'est au contraire une marche étrange, une confiance surhumaine, une réalité inexplicable. N'ayant encore que quelques disciples grossiers le Christ est condamné à mort ; il meurt objet de la colère des prêtres juifs, et du mépris de sa nation, abandonné et contredit par les siens. Et comment pouvait-il en être autrement de celui qui aurait annoncé par avance ce qui allait lui arriver ? « On va me prendre, on me crucifiera, disait-il, je serai abandonné de tout le monde, mon premier disciple me reniera au commencement de mon supplice, je laisserai faire les méchants : mais ensuite la justice divine étant satisfaite, le péché originel étant expié par mon supplice, le lien de l'homme avec Dieu sera renoué, et ma mort sera la vie de mes disciples : alors ils seront plus forts sans moi qu'avec moi ; car ils me verront ressuscité : je monterai au ciel, et je leur enverrai du ciel un esprit qui les instruira ; l'esprit de la Croix leur fera concevoir mon évangile ; enfin ils y croiront, ils le prêcheront, ils le persuaderont à l'univers tout entier. »

» Et cette folle promesse, si bien appelée par saint Paul, la folie de la croix, cette prédiction d'un misérable crucifié s'est accomplie littéralement... Et le mode de l'accomplissement est peut-être plus prodigieux que la promesse.

» Ce n'est ni un jour, ni une bataille qui en ont décidé ; est-ce la vie d'un homme ? Non, c'est une guerre, un long combat de trois cents ans, commencé par les apôtres et entretenu par leurs successeurs, et par le flot successif des générations chrétiennes. Depuis saint Pierre, les trente-deux évêques de Rome qui ont succédé immédiatement à sa primauté, ont été comme lui martyrisés. Ainsi, trois siècles durant, la chaire romaine fut un échafaud, qui procurait infailliblement la mort à celui qui y était appelé. Et rarement les autres évêques, pendant cette période de trois cents ans, eurent une destinée meilleure.

» Dans cette guerre, tous les rois et toutes les forces de la terre se trouvent d'un côté, et de l'autre je ne vois pas d'armée, mais une énergie mystérieuse, quelques hommes disséminés çà et là dans toutes les parties du globe, n'ayant d'autre signe de ralliement qu'une foi commune dans le mystère de la croix.

» Quel étrange symbole ! l'instrument du supplice de l'Homme-Dieu ses disciples en sont armés. Ils portent la croix dans l'univers avec leur conviction, flamme ardente qui se propage de proche en proche : « Le Christ,

Dieu, disent-ils, est mort pour le salut des hommes. »
Quelle lutte, quelle tempête, seulement ces simples
paroles autour de l'humble étendard du supplice de
l'Homme-Dieu !

» Que de sang versé de deux parts ! quel acharne-
ment! Mais ici, la colère et toutes les fureurs de la haine
et de la violence ; là, la douceur, le courage moral, une
résignation infinie. Pendant trois cents ans, la pensée
lutte contre la brutalité des sensations, la conscience
contre le despotisme, l'ame contre le corps, la vertu
contre tous les vices. Le sang des chrétiens coule à flots.
Ils meurent en baisant la main de celui qui les tue.
L'ame seule proteste, pendant que le corps se livre à
toutes les tortures. Partout les chrétiens succombent,
et partout ce sont eux qui triomphent.

« Vous parlez de César et d'Alexandre, de leurs conquêtes, et de l'enthousiasme qu'ils surent allumer dans
le cœur du soldat pour l'entraîner avec eux dans des expéditions aventureuses ; mais il faut voir là le prix de
l'amour du soldat, l'ascendant du génie et de la victoire,
l'effet naturel de la discipline militaire, et le résultat
d'un commandement habile et légitime. Mais combien
d'années l'empire de César a-t-il duré? Combien de temps
l'enthousiasme des soldats pour Alexandre s'est-il soutenu ? Ils ont joui de ces hommages un jour, une heure,
le temps de leur commandement, et au plus de leur vie,
selon les caprices du nombre et du hasard, selon les
calculs de la stratégie, enfin selon les chances de la
guerre... Et si la victoire infidèle les eût quittés, dou-
tez-vous que l'enthousiasme n'eût aussitôt cessé? Je
vous le demande, l'influence militaire de César et d'A-
lexandre a-t-elle fini avec leur vie? s'est-elle prolongée
au-delà du tombeau ?

» Concevez-vous un mort, faisant des conquêtes avec une armée fidèle et toute dévouée à sa mémoire? Concevez-vous un fantôme qui a des soldats sans solde, sans espérance pour ce monde-ci, et qui leur inspire la persévérance et le support de tous les genres de privations; hélas! le corps de Turenne était encore tout chaud, que son armée décampait devant Montécuculli. Et moi, mes armées m'oublient tout vivant, comme l'armée carthaginoise fit d'Annibal. Voilà notre pouvoir à nous autres grands hommes! une seule bataille perdue nous abat, et l'adversité nous enlève nos amis. Que de Judas j'ai vus autour de moi! Ah! si je n'ai pu persuader ces grands politiques, ces généraux qui m'ont trahi, s'ils ont méconnu mon nom et nié les miracles d'un amour vrai de la patrie et de la fidélité, quand même... à leur souverain... si moi, qui les avais si souvent menés à la victoire, je n'ai pu, vivant, réchauffer ces cœurs égoïstes, étant glacé moi-même par la mort, parviendrais-je à entretenir, à réveiller leur zèle!

» Concevez-vous César, empereur éternel du sénat romain, et, du fond de son mausolée, gouvernant l'empire, veillant sur les destins de Rome, telle est l'histoire de l'envahissement et de là conquête du monde par le christianisme ; voilà le pouvoir du Dieu des chrétiens et le perpétuel miracle du progrès de la foi et du gouvernement de son Eglise. Les peuples passent, les trônes croulent, et l'Eglise demeure! Quelle est donc la force qui fait tenir debout cette Eglise assaillie par l'océan furieux de la colère et du mépris du siècle? Quel est le bras, depuis dix-huit cents ans, qui l'a préservée de tant d'orages qui ont menacé de l'engloutir?

» Dans toute autre existence que celle du Christ, que d'imperfections, que de vicissitudes! Quel est le carac-

tère qui ne fléchisse abattu par certains obstacles ?
Quel est l'individu qui ne soit modifié par les événements
ou par les lieux, qui ne subisse l'influence du temps, et
qui ne transige avec les mœurs et les passions, avec
quelque nécessité qui le surmonte ?

» Je défie de citer aucune existence, comme celle du
Christ, exempte de la moindre altération de ce genre,
qui soit pure de ces souillures et de ces vicissitudes.

» Depuis le premier jour jusqu'au dernier, il est le
même, toujours le même, majestueux et simple, infiniment sévère et infiniment doux ; dans un commerce de
vie pour ainsi dire public, Jésus ne donne jamais de
prise à la moindre critique ; sa conduite, si prudente,
ravit l'admiration par un mélange de force et de douceur.
Qu'il agisse ou qu'il parle, Jésus est lumineux, immuable, impassible. Le sublime, dit-on, est un trait de la
Divinité ; quel nom donner à celui qui réunit en soi tous
les traits du sublime ?

» Le mahométisme, les cérémonies de Numa, les
institutions de Lycurgue, le polythéisme et la loi mo-
saïque même sont bien plus des œuvres de législation
que des religions.

» En effet, chacun de ces cultes se rapporte plus à la
terre qu'au ciel. Il s'agit, là surtout d'un peuple et des
intérêts d'une nation. Et n'est-il pas évident que la vraie
religion ne saurait être circonscrite à un seul pays ? La
vérité doit embrasser l'univers. Tel est le christianisme,
la seule religion qui détruise la nationalité, la seule qui
proclame l'unité et la fraternité absolue de l'espèce humaine, la seule qui soit purement spirituelle, enfin la
seule qui assigne à tous, sans distinction, pour vraie
patrie, le sein d'un Dieu créateur.

» Le Christ prouve qu'il est le fils de l'Eternel, par

son mépris du temps ; tous ses dogmes signifient une seule et même chose : « l'éternité. »

» Aussi comme l'horizon de son empire s'étend, et se prolongé infiniment ! Le Christ règne par delà la vie et par delà la mort ! Le passé et l'avenir sont également à lui ; le royaume de la vérité n'a et ne peut avoir en effet d'autre limite que le mensonge. Tel est le royaume de l'Evangile, qui embrasse tous les lieux et tous les peuples. Jésus s'est emparé du genre humain : il en a fait une seule nation, la nation des honnêtes gens, qu'il appelle à une vie parfaite. Les ennemis du Christ relèvent de lui comme ses amis, par le jugement qu'il exercera sur tous au dernier jour.

» Mahomet sans doute proclame l'unité de Dieu : cette vérité est l'essence et le dogme principal de sa religion. Je le reconnais ; mais tout le monde sait qu'il ne l'affirme que d'après Moïse et la tradition juive. L'esprit de Mahomet ou plutôt son imagination a fait tous les frais de tous les autres dogmes de l'Alcoran, livre plein de confusion et d'obscurité, d'un novateur passionné qui se tourmente pour résoudre avec le génie, des questions qui sont plus hautes que le génie ; et il n'aboutit vraiment qu'à des turpitudes ! Tant il est vrai qu'il n'est donné à personne, même à un grand homme, de rien dire de satisfaisant sur Dieu, le paradis et la vie future, si Dieu ne l'en instruit lui-même préalablement !

» Aussi Mahomet n'est vrai qu'autant qu'il s'appuie sur la Bible et sur le sentiment inné de la croyance en Dieu.

» Pour tout le reste, l'Alcoran n'est vraiment qu'un système hardi de domination et d'envahissement politique.

» Partout l'homme ambitieux se montre à découvert dans Mahomet. Vil flatteur de toutes les passions les plus chères au cœur de l'homme, comme il caresse la chair ! quelle large part il fait à la sensualité.

« Est-ce vers la vérité de Dieu qu'il veut entraîner l'Arabe, ou vers la séduction de toutes les jouissances promises dans cette vie, et promises comme l'espoir et la récompense de l'autre ?

» Il fallait enlever un peuple ; l'appel aux passions fut nécessaire, à la bonne heure ! il a réussi ; mais la cause de son triomphe sera la cause de sa ruine. Tôt ou tard le Croissant disparaîtra de la scène du monde, et la Croix y demeurera !

» Le sensualisme tue en définitive les nations, aussi bien que les individus, qui ont la folie d'en faire la base de leur existence !

» De plus, ce faux prophète s'adresse à une seule nation, et il a senti le besoin de jouer deux rôles, le rôle politique et le rôle religieux. Il a effectivement conquis, et il possède toute la puissance du premier. Pour le second, s'il en a eu le prestige, il n'en a pas eu la réalité. Jamais il n'a donné de preuves de la divinité de sa mission ; une ou deux fois, il veut s'étayer d'un miracle, et il échoue honteusement. Personne ne croit à ses miracles, parce que Mahomet n'y croyait pas lui-même ; ce qui prouve, qu'il n'est pas aussi aisé qu'on se l'imagine d'en imposer sous ce rapport.

» Si le titre d'imposteur s'accole facilement au nom de Mahomet, il répugne tellement avec celui du Christ, que je ne crois pas qu'aucun ennemi du christianisme ait jamais osé l'en flétrir !

» Et cependant il n'y a pas de milieu, le Christ est un imposteur ou il est Dieu.

» Le Christ n'a point d'ambition terrestre, il est exclusivement à sa mission céleste, il lui était facile d'exercer une grande séduction, et d'avoir de la puissance, en devenant un homme politique. Tout s'y prêtait et allait au-devant de lui, s'il l'eût voulu !

» Les Juifs attendaient un Messie temporel, qui devait subjuguer leurs ennemis ; un roi dont le sceptre rangerait le monde entier sous leur domination. Certes, il y avait là une tentation difficile à surmonter, et l'élément naturel d'une grande usurpation. Jésus est le premier qui ose attaquer publiquement l'interprétation erronée des Ecritures. Il s'attache à démontrer que ces victoires et ces conquêtes du Christ sont des victoires spirituelles, qu'il s'agit de la répression des vices, de l'assujettissement des passions, et l'envahissement pacifique des ames ; et si les Ecritures annoncent la soumission éclatante de l'univers, cette soumission absolue regarde le second avénement qui arrivera à la fin du monde.

» Jésus prend un soin tout particulier d'inculquer cette explication toute spirituelle à ses disciples. On veut, dans plusieurs occasions, se saisir de lui pour le faire roi ; il écarte de son front la couronne, il n'en veut pas ; il en veut une autre, que la Vierge, sa mère, lui a préparée : il la ceindra le jour de son grand sacrifice.

« Jésus ne pactise pas davantage avec les autres faiblesses humaines. Les sens, ces tyrans de l'homme, sont traités par lui en esclaves faits pour obéir et non pour commander. Les vices sont les objets de sa haine implacable. Il mortifie les passions, qui sont l'élément naturel des grands succès. Il parle en maître à la nature humaine dégradée, en maître courroucé qui exige une expiation. Sa parole, tout austère qu'elle est, s'insinue dans l'ame comme un air subtil et pur : la conscience en est pénétrée et silencieusement persuadée.

» Jésus met de côté la politique, qui est chose super-flue pour de vrais chrétiens, qui adorent le dogme de la fraternité divine.

» Certes, voilà un homme, voilà un pontife à part, et une religion qui se sépare vraiment de toutes les autres religions ; et celui-là est un menteur, qui dit qu'il y a nulle part quelque chose qui ressemble à cela.

» Il est vrai que le Christ propose à notre foi une série de mystères. Il commande avec autorité d'y croire sans donner d'autre raison, que cette parole épouvantable : Je suis Dieu.

» Il le déclare ! quel abîme il creuse par cette déclaration entre lui et et les faiseurs de religion ! Quelle audace, quel sacrilége, quel blasphème, si ce n'était vrai ! Je dis plus : le triomphe universel d'une affirmation de ce genre, si ce triomphe n'était bien réellement celui de Dieu même, serait une excuse plausible, et la preuve de l'athéisme.

» D'ailleurs, en proposant des mystères, le Christ est conséquent avec la nature des choses qui est profondément mystérieuse. D'où viens-je, où vais-je, que suis-je ? La vie humaine est un mystère dans son origine, dans son organisation et dans sa fin. Dans l'homme et hors de l'homme, dans la nature, tout est mystère, et l'on voudrait que la religion ne fût pas mystérieuse ! La création et la destinée du monde sont un abîme impénétrable, aussi bien que la destinée et la création d'un seul individu. Le christianisme, du moins, n'élude pas ces grandes questions : il les attaque en face, et nos dogmes en sont une solution pour celui qui croit. Les païens ne niaient pas que la nature des choses ne fût mystérieuse ; chez eux, le mystère était partout ; ils en avaient de toutes les sortes, mystères d'Isis, mystères des bacchanales, mystères de sagesse et d'infamie. C'est ici qu'à bon droit l'on peut se révolter de la nuit impure et profonde qui enveloppe le sanctuaire.

» Quel amalgame hétérogène de principes contradictoires que la théogonie chaldéenne, grecque et égyptienne ! Quel océan d'idées mal digérées, unies sans liaison, sans hiérarchie ! quel mélange du sublime et de l'absurde ! du sacré et du profane. Ce qui est le moins obscur, se rapporte évidemment à l'origine des sociétés, à leur histoire, et surtout celle des premiers princes, tandis que le dogme rappelle les mêmes croyances ou plutôt les mêmes erreurs d'une tradition perdue ! Et le sanctuaire païen est vraiment le réceptacle ténébreux des lueurs fausses des sens, le rendez-vous impur des mille bizarreries de l'imagination et l'asile consacré de toutes les folies du cœur, de toutes les aberrations des siècles.

» De tels temples, de tels prêtres, peuvent-ils être les temples et les prêtres de la vérité ? Qui oserait le soutenir ? Non, jamais les païens eux-mêmes ne l'ont cru sérieusement.

» Le christianisme seul a affiché dès sa naissance cette prétention, et seul il en a le droit, parce que son dogme est conséquent, et d'accord avec cette prétention. Le polythéisme en eut le pressentiment, quand il attaqua le christianisme avec tant de fureur. La voix du christianisme fut entendue comme un cri puissant de la science, qui venait réveiller la conscience. Aussitôt l'idolâtrie se sentit attaquée dans sa base, et n'ayant rien à opposer à l'attaque de ce cri généreux, l'idolâtrie, menacée dans son existence, répondit par un cri de rage. Cette rage n'était pas de la conviction, mais le désespoir de ceux qui allaient cesser de vivre, parce que leur vie était liée à celle de leur idole.

» Telle est la faiblesse du mensonge, qui de soi n'a rien de fixe. Comment sur la tige mouvante de l'erreur, germerait-il une croyance, une conviction ? Non, les païens ne croyaient pas au paganisme ; et de nos jours un hérétique n'a et ne peut avoir qu'une fausse confiance dans les erreurs qui le séparent du catholique : mais il croit en toute assurance les articles communs aux deux communions ; et c'est la croyance commune qui explique la durée des hérésies. On ne peut expliquer le succès de Luther et de Calvin que par les passions des hommes, et par le secours qu'ils reçurent de la politique des princes et des grands qui se servirent de l'hérésie, comme d'une arme, contre le pouvoir royal et contre l'autorité ecclésiastique. Mais comment un homme de bon sens peut-il demeurer protestant dans ces temps-ci ? Aussi le protestantisme existe plutôt par ses conquêtes passées que par sa force présente.

» Quelle est la religion qui soit absolue, qui éclaire, dirige et tranquillise la conscience comme la foi chrétienne ? Les fausses religions laissent l'esprit, comme un vaisseau sans pilote errer à l'aventure. Le protestantisme lui-même montre bien sa triste origine par l'abandon qu'il fait du gouvernement de l'ame.

» Je conçois que Luther et Calvin aient eu peur de ce fardeau. Oui, je conçois qu'un homme recule toujours devant la direction des consciences. Dieu seul a pu s'en saisir comme d'un sceptre qui lui appartient à lui seul !

» Toutes les religions, hormis la religion chrétienne, rejettent l'ame dans le commerce de la vie commune.

» Confucius propose aux Chinois l'agriculture, Lycurgue et Numa crurent contenir leurs concitoyens par le sage équilibre des lois et par l'harmonie d'une société bien réglée. Mahomet poussa ses disciples à la conquête du monde par le sabre. Tous précipitèrent l'homme vers les choses extérieures. A la bonne heure! Mais quel rapport existe-t-il entre cette activité et le sentiment religieux? Je vois là des citoyens, une nation, un législateur, un conquérant, mais nulle part un pontife.

» Et quel autre que Dieu pouvait affirmer, avec cette certitude absolue capable de tranquilliser la conscience, des vérités telles que l'existence de Dieu, l'immortalité de l'ame, la croyance à l'enfer, au paradis, ces dogmes enfin qui sont les vérités et la base de toutes les religions; quand le Christ les énonce comme l'essence de sa doctrine, il le fait avec tout ce qu'il y a d'imposant et d'absolu dans son caractère de *Fils de Dieu*.

» Sans doute, il faut la foi pour cet article-là, qui est celui duquel dérivent tous les autres articles. Mais, le caractère de la divinité du Christ une fois admis, la doctrine chrétienne se présente avec la précision et la clarté de l'Algèbre : il faut y admirer l'enchaînement et l'unité d'une science.

» Appuyée sur la Bible, cette doctrine explique le mieux les traditions du monde, elle les éclaire et les autres dogmes s'y rapportent étroitement comme les anneaux scellés d'une même chaîne. L'existence du Christ, d'un bout à l'autre, est un tissu tout mystérieux, j'en conviens ; mais ce mystère répond à des difficultés qui sont dans toutes les existences ; rejetez-le, le monde est une énigme ; acceptez-le, vous avez une admirable solution de l'histoire de l'homme.

» Le Christianisme a un avantage sur tous les philosophes et sur toutes les religions : les chrétiens ne se font pas illusion sur la nature des choses. On ne peut leur reprocher ni la subtilité, ni le charlatanisme des idéologues, qui ont cru résoudre la grande énigme des questions théologiques avec de vaines dissertations sur ces grands objets. Insensés, dont la folie ressemble à celle d'un petit enfant, qui veut toucher le ciel avec sa main, ou qui demande la lune pour son jouet ou sa curiosité. Le Christianisme dit avec simplicité : « Nul » homme n'a vu Dieu, si ce n'est Dieu. Dieu a révélé » ce qu'il était. Sa révélation est un mystère que la » raison ni l'esprit ne peuvent concevoir ; mais puisque » Dieu a parlé, il faut y croire. » Cela est d'un grand bon sens.

» L'Evangile possède une vertu secrète, je ne sais quoi d'efficace, une chaleur qui agit sur l'entendement et qui charme le cœur ; on éprouve à le méditer ce qu'on éprouve à contempler le Ciel. L'Evangile n'est pas un livre, c'est un être vivant, avec une action, une puissance, qui envahit tout ce qui s'oppose à son extension. Le voici sur cette table ce livre par excellence, et ici l'Empereur le toucha avec respect, et je ne me lasse pas de le lire, et tous les jours, avec le même plaisir.

» Le Christ ne varie pas ; il n'hésite jamais dans son enseignement, et la moindre affirmation de lui est marquée d'un cachet de simplicité et de profondeur qui captivent l'ignorant et le savant, pour peu qu'ils y prêtent leur attention.

» Nulle part on ne trouve cette série de belles idées, de belles maximes morales, qui défilent comme les bataillons de la milice céleste, et qui produisent dans notre ame le même sentiment que l'on éprouve à considérer l'étendue infinie du ciel resplendissant, par une belle nuit d'été, de tout l'éclat des astres.

» Non-seulement notre esprit est préoccupé, mais il est dominé par cette lecture, et jamais l'ame ne court risque de s'égarer avec ce livre. Une fois maître de notre esprit, l'Evangile fidèle nous aime. Dieu même est notre ami, notre père et vraiment notre Dieu. Une mère n'a pas plus soin de l'enfant qu'elle allaite. L'ame séduite par la beauté de l'Evangile ne s'appartient plus. Dieu s'en empare tout à fait, il en dirige les pensées et toutes les facultés, elle est à lui.

» Quelle preuve de la divinité du Christ ! Avec un empire aussi absolu, il n'a qu'un seul but, l'amélioration spirituelle des individus, la pureté de la conscience, l'union à ce qui est vrai, la saintcté de l'ame. Voilà vraiment une religion, et je reconnais là un pontife.

» Et ce qui ravit la conviction, ce sont tous les avantages et le bonheur qui résultent d'une telle croyance. L'homme qui croit est heureux ! Ah ! vous ignorez ce que c'est que croire ! croire, c'est voir Dieu, parce qu'on a les yeux fixés dans lui ! Heureux celui qui croit ! ne croit pas qui veut. Tel est le Christianisme qui satisfait complètement la raison de ceux qui en ont une fois admis le principe, qui s'explique lui-même par une révélation d'en-haut, et qui explique ensuite naturellement mille difficultés, qui n'ont de solution possible que par la foi.

» Enfin, et c'est mon dernier argument, il n'y a pas de Dieu dans le Ciel, si un homme a pu concevoir et exécuter, avec un plein succès, le dessein gigantesque de dérober pour lui le culte suprême, en usurpant le nom de Dieu. Jésus est le seul qui l'ait osé, il est le seul qui ait dit clairement, affirmé imperturbablement lui-même de lui-même. *Je suis Dieu.* Ce qui est bien différent de cette affirmation : *Je suis un Dieu*, ou de cette autre : *Il y a des Dieux.* L'histoire ne mentionne aucun autre individu qui se soit qualifié lui-même de ce titre de Dieu dans le sens absolu. La fable n'établit nulle part que Jupiter et les autres Dieux se soient divinisés eux-mêmes. C'eût été de leur part le comble de l'orgueil, et une monstruosité, une extravagance absurde. C'est la postérité, ce sont les héritiers des premiers despotes qui les ont déifiés. Tous les hommes étant d'une même race, Alexandre a pu se dire le fils de Jupiter. Mais toute la Grèce a souri de cette super-cherie ; et de même l'apothéose des empereurs romains n'a jamais été une chose sérieuse pour les Romains. Mahomet et Confucius se sont donnés simplement pour des agents de la Divinité. La déesse Egérie de Numa n'a jamais été que la personnification d'une inspiration puisée dans la solitude des bois. Les dieux Brahma de l'Inde sont une invention psychologique.

» Comme donc un Juif, dont l'existence historique est plus avérée que toutes celles des temps où il a vécu, lui seul, fils d'un charpentier, se donne-t-il tout d'abord pour Dieu même, pour l'être par excellence, pour le créateur de tous les êtres ? Il s'arroge toutes les sortes d'adorations. Il bâtit son culte de ses mains, non avec des pierres, mais avec des hommes. On s'extasie sur les conquêtes d'Alexandre ; eh bien ! voici un conquérant qui confisque à son profit, qui unit, qui incorpore à lui-même, non pas une nation, mais l'espèce humaine. Quel miracle ! l'ame, avec toutes ses facultés, devient une annexe de l'existence du Christ !

» Et comment ? par un prodige qui surpasse tout prodige. Il veut l'amour des hommes, c'est-à-dire ce qu'il est le plus difficile au monde d'obtenir ; ce qu'un sage demande vainement à quelques amis, un père à ses enfants, une épouse à son époux, un frère à son frère ; en un mot, le cœur ; c'est là ce qu'il veut pour lui, il l'exige absolument, et il y réussit tout de suite.

J'en conclus sa divinité. Alexandre, César, Annibal, Louis XIV, avec tout leur génie, y ont échoué. Ils ont conquis le monde, et ils n'ont pu parvenir à avoir un ami. Je suis peut-être le seul de nos jours qui aime Annibal, César, Alexandre... Le grand Louis XIV, qui a jeté tant d'éclat sur la France et dans le monde, n'avait pas un ami dans tout son royaume, même dans sa famille.

Il est vrai, nous aimons nos enfants, pourquoi? Nous obéissons à un instinct de la nature, à une volonté de Dieu, à une nécessité que les bêtes elles-mêmes reconnaissent et remplissent; mais combien d'enfants qui restent insensibles à nos caresses, à tant de soins que nous leur prodiguons. combien d'enfants ingrats? Vos enfants, général Bertrand, vous aiment-ils? Vous les aimez, et vous n'êtes pas sûr d'être payé de retour... Ni vos bienfaits, ni la nature, ne réussiront jamais à leur inspirer un amour tel que celui des chrétiens pour Dieu! Si vous veniez à mourir, vos enfants se souviendraient de vous en dépensant votre fortune, sans doute, mais vos petits-enfants sauraient à peine si vous avez existé... et vous êtes le général Bertrand! Et nous sommes dans une île, et vous n'avez d'autre distraction que la vue de votre famille.

» Le Christ parle, et désormais les générations lui appartiennent par des liens plus étroits, plus intimes que ceux du sang, par une union plus sacrée, plus impérieuse que quelque union que ce soit. Il allume la flamme d'un amour qui fait mourir l'amour de soi, qui prévaut sur tout autre amour.

» A ce miracle de sa volonté, comment ne pas reconnaître le Verbe créateur du monde?

» Les fondateurs de religion n'ont pas même eu l'idée

de cet amour mystique qui est l'essence du Christianisme, sous le beau nom de Charité.

» C'est qu'ils n'avaient garde de se lancer contre un écueil. C'est que, d'une opération semblable, se faire aimer, l'homme porte en lui-même le sentiment profond de son impuissance.

» Aussi le plus grand miracle du Christ, sans contredit, c'est le règne de la charité.

» Lui seul il est parvenu à élever le cœur des hommes jusqu'à l'invisible, jusqu'au sacrifice du temps ; lui seul en créant cette immolation, a créé un bien entre le ciel et la terre.

» Tous ceux qui croient sincèrement en lui ressentent cet amour surnaturel, admirable, supérieur, phénomène, inexplicable, impossible à la raison et aux forces de l'homme ; feu sacré donné à la terre par ce nouveau Prométhée, dont le temps, ce grand destructeur, ne peut ni user la force, ni limiter la durée. Moi, Napoléon, c'est ce que j'admire davantage parce que j'y ai pensé souvent, et c'est ce qui me prouve absolument la divinité du Christ !

» J'ai passionné des multitudes qui mouraient pour moi. A Dieu ne plaise que je forme aucune comparaison entre l'enthousiasme des soldats et la charité chrétienne, qui sont aussi différents que leur cause ; mais enfin il fallait ma présence, l'électricité de mon regard, mon accent, une parole de moi ; alors, j'allumais le feu sacré dans les cœurs. Certes, je possède le secret de cette puissance qui enlève l'esprit, mais je ne saurais le communiquer à personne : aucun de mes généraux ne l'a reçu ou deviné de moi ; je n'ai pas davantage le secret d'éterniser mon nom et mon amour dans les cœurs, et d'y opérer des prodiges sans le secours de la matière.

» Maintenant que je suis à Sainte-Hélène..., maintenant que je suis seul cloué sur ce roc, qui bataille et conquiert des empires pour moi? Où sont les courtisans de mon infortune? pense-t-on à moi? qui se remue pour moi en Europe? qui m'est demeuré fidèle? Où sont mes amis? Oui, deux ou trois, que votre fidélité immortalise, vous partagez, vous consolez mon exil. »

Ici, la voix de l'Empereur prit un accent particulier d'ironique mélancolie et de profonde tristesse :

« Oui, notre existence a brillé de tout l'éclat du diadème et de la souveraineté ; et la vôtre, Bertrand, réfléchissait cet éclat comme le dôme des Invalides, doré par nous, réfléchit les rayons du soleil... Mais les revers sont venus, l'or peu à peu s'est effacé. La pluie du malheur et des outrages, dont on m'abreuve chaque jour, en emporte les dernières parcelles. Nous ne sommes plus que du plomb, général, et bientôt moi je serai de la terre.

» Telle est la destinée des grands hommes, celle de César et d'Alexandre, et l'on nous oublie! Et le nom d'un conquérant comme celui d'un empereur n'est plus qu'un thème de collége! Nos exploits tombent sous la férule d'un pédant qui nous loue ou qui nous insulte!

» Que de jugements divers on se permet sur le grand Louis XIV! A peine mort, le grand roi lui-même fut laissé seul, dans l'isolement de sa chambre à coucher de Versailles..., négligé par ses courtisans, et peut-être l'objet de la risée. Ce n'était plus leur maître! C'était un cadavre, un cercueil, une fosse, et l'horreur d'une imminente décomposition.

» Encore un moment, voilà mon sort et ce qui va m'arriver à moi-même... Assassiné par l'oligarchie anglaise, je meurs avant le temps, et mon cadavre aussi va être rendu à la terre pour y devenir la pâture des vers.

» Voilà la destinée très-prochaine du grand Napoléon. Quel abîme entre ma misère profonde et le règne éternel du Christ, prêché, encensé, aimé, adoré, vivant dans tout l'univers!... Est-ce là mourir? n'est-ce pas plutôt vivre? voilà la mort du Christ, voilà celle de Dieu! »

L'empereur se tut, et comme le général Bertrand gardait également le silence :

» Si vous ne comprenez pas, reprit l'empereur, que Jésus-Christ est Dieu, eh bien! j'ai eu tort de vous faire général! »

Dans une autre circonstance, il démontra ainsi l'existence de Dieu.

» Qu'est-ce que Dieu? Si je le connais, ce que j'en sais? Eh bien! je vais vous le dire. Répondez à votre tour : Comment jugez-vous qu'un homme a du génie? Est-ce quelque chose que vous avez vu? Est-ce une chose visible, le génie? Qu'en savez-vous pour y croire? On voit l'effet, et de l'effet on remonte à la cause, on la cherche, on la trouve, on l'affirme, on y croit, n'est-ce pas? Ainsi sur un champ de bataille, quand l'action est engagée, si tout d'un coup le plan d'attaque est reconnu mauvais, à la promptitude, à la justesse des manœuvres, on admire, on s'écrie : *Un homme de génie.* Au fort de la mêlée, quand la victoire flottait indécise ; pourquoi, vous, le premier, me cherchiez-vous du regard? Oui, vos lèvres m'appelaient, et de toutes parts on n'entendait qu'un cri : L'empereur, où est-il? Des ordres !

» Qu'est-ce que c'était que ce cri? C'était le cri de l'instinct et de la croyance générale à moi, à mon génie.

» Eh bien! moi aussi, j'ai un instinct, une certitude, une croyance, un cri qui m'échappe malgré moi ; je réfléchis, je regarde la nature avec ses phénomènes, et je dis : Dieu ! J'admire, et je m'écrie : *Il y a un Dieu.*

» Mes victoires vous font croire en moi , eh bien ! L'univers me fait croire en Dieu, j'y crois à cause de ce que je vois, à cause de ce que je sens. Ces effets merveilleux de la toute-puissance divine, ne sont-ce point là des réalités aussi positives et plus éloquentes que mes victoires ? Qu'est-ce que la plus belle manœuvre auprès du mouvement des astres ? Puisque vous croyez au génie, dites-moi du moins, dites-moi, je vous prie, d'où vient, chez l'homme de génie, cette invention d'idées, l'inspiration, ce coup d'œil qui n'est propre qu'à lui ? répondez ! D'où vient cela ? Indiquez-en la cause ? Vous l'ignorez, n'est-ce pas ? Eh bien ! moi aussi, et personne n'en sait plus que nous deux. Et cependant cette singularité qui signale quelques individus, n'est-ce point un fait aussi évident, aussi positif que tout autre fait ? Mais s'il est une telle différence dans les esprits, il y a une cause apparemment, c'est quelqu'un qui la fait cette différence, ce n'est ni vous, ni moi, et le génie n'est qu'un mot qui n'apprend rien de sa cause. Que quelqu'un vienne dire : ce sont les organes. Voilà une niaiserie bonne pour un carabin, mais non pour moi, entendez-vous ?

» Votre esprit à vous, est-il celui du pâtre que nous apercevons d'ici dans la vallée gardant ses moutons ? N'y a-t-il pas la même distance entre vous et lui qu'entre un cheval et un homme ? Comment le savez-vous ? Ce n'est pas que vous ayez jamais vu son esprit. Non, l'esprit d'une bête a le don d'être invisible ; il a ce privilége comme le plus grand génie.

» Mais vous avez causé avec ce pâtre, vous avez examiné son visage, vous l'avez questionné, et ses réponses vous ont dit ce qu'il était. Vous jugez donc la cause d'après les effets, et vous jugez bien. Certes votre intelligence, votre raison, vos facultés sont infiniment au-dessus de celles de ce pâtre.

» Eh bien! moi, je suis la même marche, et les effets divins me font croire à une cause divine. Oui, il existe une cause divine, une raison souveraine, un être infini ; cette cause est la cause des causes, cette raison est la raison créatrice de l'intelligence. Il existe un être infini, auprès duquel, général, vous n'êtes qu'un atome ; auprès duquel, moi, Napoléon, avec tout mon génie, je suis un vrai rien, un pur néant, entendez-vous ? Je le sens, ce Dieu, je le vois... j'en ai besoin, j'y crois... Si vous ne le sentez pas, si vous n'y croyez pas, eh bien ! tant pis pour vous...

» Mais je m'emporte, général : puisque, comme moi, vous croyez à l'existence de Dieu, et tenez à honneur de le proclamer ; je pardonne bien des choses, mais j'ai horreur de l'athée et du matérialisme. Comment voulez-vous que j'aie quelque chose de commun avec un matérialiste, avec un homme qui ne croit pas à l'existence de l'ame, qui croit qu'il est un tas de boue et qui veut que je sois, comme lui, un tas de boue ? »

XIII. — CE QUE NAPOLÉON PENSAIT DU PROTESTANTISME.

Napoléon n'aimait pas le protestantisme. Dans plusieurs circonstances, il le prouva. Voici un fait rapporté dans l'ouvrage de M. de Beauterne : « M. le général de Montesquiou, ancien aide de camp de l'Empereur, raconte qu'un jour, sur un champ de bataille, plusieurs fois l'empereur le fit descendre de cheval pour demander aux prisonniers ou blessés ennemis qu'on rencontrait, quelle était leur religion ; ils répondaient presque tous : Chrétiens !

« De quelle communion ? dit l'Empereur.

» Protestants ! fut-il répondu par plusieurs.

» Eh bien ! reprit l'Empereur, dites-leur qu'ils se trompent et qu'ils ne sont pas chrétiens !

» Mais, Sire, dit respectueusement M. de Montesquiou, les protestants sont chrétiens.

» Non, monsieur, non ! repartit brusquement l'Empereur, ils ne sont pas chrétiens. »

Ce mot est dur, il est net, incisif, absolu comme tous ceux de Napoléon. Hâtons-nous d'ajouter qu'il est injuste, mais il prouve combien était vive sa foi catholique.

Dans les dernières années de sa vie, il voulut que l'on fît maigre le vendredi à Sainte-Hélène ; il disait au maître d'hôtel : « Allons, Cipriani, sommes-nous donc des *parpaillots*? Pourquoi nous fais-tu vivre comme eux? Tu es Italien comme moi ; ce n'est pas le poisson qui manque à Sainte-Hélène ; fais-nous du maigre, c'est aujourd'hui vendredi. »

Il dit aussi à l'abbé Buonavita : « Vous êtes protonotaire apostolique, ne pourriez-vous prendre le costume d'évêque? Ne suis-je plus l'Empereur? Vous êtes mon aumônier : je ne vous le dis pas pour moi, ni par une considération de vanité puérile, non, mais il faut imposer à ces *hérétiques*, et rien n'est imposant comme le costume d'évêque. »

Ceci me conduit tout naturellement à me rappeler que j'ai souvent entendu tenir des propos comme ceux-ci : « Il vaut bien mieux être protestant : avec eux, plus de maigre, plus de confession, plus de prêtres célibataires. Ce sont-là des pierres d'achoppement pour le bon chrétien : si tout cela était supprimé, la religion devenant plus facile à pratiquer, on se comporterait beaucoup mieux. »

Maintenant que d'habiles écrivains se servent du protestantisme comme d'un pont pour nous mener à l'incrédulité et à la négation, il ne sera peut-être pas hors de propos de parler de ce protestantisme qui séduit notre nature par l'attrait de la rébellion contre l'autorité.

Je ne dirai pas comme l'Empereur que les protestants ne sont pas chrétiens ; certes non. Croyant au Christ, comme nous, se rattachant au débris de notre foi, beaucoup sont plus zélés, plus sincères et plus fidèles observateurs que nous, de leur religion. Or, quelle est cette religion ? Ceci est difficile à définir. Ils prétendent qu'ils ont la même loi religieuse que nous, contenue dans l'Ecriture-Sainte qu'ils acceptent dans sa pureté originelle, dégagée de toutes les interprétations, adjonctions et applications introduites postérieurement par les hommes. Ceci est fort bien, mais présente un grave inconvénient. Nous sommes régis par des lois contenues dans le Code ; faut-il, supprimant tous les magistrats, tous les tribunaux, mettre ce Code entre les mains de chacun, afin qu'il y puise les règles de sa conduite ? Ainsi. vous avez une difficulté avec votre voisin : au lieu d'aller trouver le juge de paix, vous consultez votre Code, vous cherchez le texte relatif à votre affaire, et vous appliquez vous-même ce texte selon votre degré d'intelligence, de bonne foi, et presque toujours dans le sens le plus favorable à vos intérêts. La loi unique brillera donc uniforme pour tous, mais chacun cherchera à s'en appliquer les bénéfices, et elle recevra mille interprétations, mille applications diverses. Il en est de même en matière de religion ; il a donc fallu, avec la loi, des interprètes et des gardiens de la loi. Voilà pourquoi nous reconnaissons l'autorité de l'Eglise, comme celle d'un tribunal, aux arrêts duquel nous nous soumettons.

Le protestantisme fut une réaction de la raison contre le joug de l'autorité ; elle ne nous a certes pas été donnée par Dieu pour que nous lui en fissions un holocauste : libres et responsables de nos actes, il faut conserver avec le plus grand soin tous les instruments qui peuvent servir à nous diriger, et nous ne devons pas affaiblir nos moyens d'action. Aussi le libre examen, l'émancipation intellectuelle dont se glorifie notre époque sont les belles conquêtes pour l'esprit humain et la civilisation. Le protestantisme a outrepassé les bornes. Il est de fort bonnes choses dont l'abus ou le mauvais emploi engendrent de pernicieux résultats. Le vin est un des plus grands bienfaits de la Providence, et il peut causer bien des malheurs. Les remèdes les plus efficaces contiennent souvent un principe vénéneux. C'est là ce qui est arrivé par l'abus du raisonnement que nulle loi ne guide. Le protestantisme, à son point de départ, est l'acceptation du Code religieux pur et simple, mais il révise ce Code, l'interprète, et l'applique au gré de la raison de chacun, renversant le tribunal qui en était chargé. Aussi, en fait, n'est-il pas une religion, pas même une hérésie ou une erreur, c'est une carrière librement ouverte à toutes les hérésies, à toutes les erreurs, à toutes les fantaisies individuelles. Chaque protestant suivant son degré de raison, de foi, d'imagination ou d'intelligence, peut s'échapper par un ou plusieurs points du cercle de vérités où nous demeurons confinés par l'autorité. C'est une série de négations et de démolitions dont la limite ne peut être tracée nulle part. Quand commence-t-on à être protestant, et quand cesse-t-on de l'être? C'est ce qu'aucun d'eux ne pourrait vous dire. Luther niant les doctrines de l'Eglise sur les indulgences se déclare protestant ; Zwingle et Calvin niant la présence réelle sont protestants ; Servet va plus loin que Calvin, il est protestant. Ainsi, pas de doctrine nettement définie, et pas de point d'arrêt dans la négation des doctrines anciennement admises. Chaque chef d'école, par une singulière contradiction, prend comme point de départ le libre examen, et condamne au feu de l'enfer quiconque, après avoir examiné, croit autre chose que ce qu'il enseigne. Pour lui ménager une transition, il le fait à travers le bûcher, comme Calvin en usa à l'égard de Servet. Cependant, chaque protestant est fort logique en ne se soumettant pas à l'autorité d'un chef, puisque ces chefs ont déclaré qu'il fallait secouer l'autorité. Pourquoi reconnaître la leur? Chacun de nous n'a-t-il pas sa raison, et ne doit-il pas s'en servir aussi bien qu'eux? Aussi les nuances, chez eux, varient à l'infini, depuis l'homme qui, fortement attaché aux grands dogmes fondamentaux du christianisme, ne rejette que quelques pratiques qu'il trouve abusives chez nous, jusqu'à celui qui, du naufrage universel de toutes les croyances, n'a retenu que quelques épaves flottantes. Les conséquences sont arrivées : ils ne les méconnaissent pas ; écoutez-les : « L'Eglise protestante, qui prend l'Ecriture sainte pour base fondamentale de la foi, est bâtie sur le sable (Der doct. *Delburch* Philipp Melanchton. Glaubenslehrer, 1826.) Nous autres protestants, nous n'avons ni la prétention ni la volonté que nous ayons un symbole religieux pour toute espèce d'époques ; nous affirmons seulement que notre appui est dans la Bible, notre chute peut-être. (*Jacobi*, religionslehrer, 1805.) L'Eglise soi-disant protestante devient de plus en plus une véritable tour de Babel (*Von Muller*, Sammtliche Werke, t. VIII, p. 195.) Ce que le protestant doit croire ne fut jamais bien défini. Dites-moi donc où est l'Eglise? Elle est encore à trouver ! (Docteur *de Langsdorf*, auteur d'un catéchisme protestant.) »

Disons donc qu'il y a chez les protestants de fort bons chrétiens, sérieusement attachés à la foi transmise par leurs parents, qui se croient dans la bonne voie. Ceux-là sont évidemment de beaucoup supérieurs à de mauvais catholiques. N'envions pas cependant leur sort, ils n'ont pas la vérité, du moins toute la vérité. Nous sommes assez heureux de n'avoir aucun effort à faire pour la conquérir ; nous n'avons à lutter que pour la conserver intacte en nous. Que si certains détails nous choquent dans la pratique de notre religion, ne nous y arrêtons pas, et ne faisons pas trop les raisonneurs. Napoléon disait tout bonnement aux savants et aux philosophes : « Pour moi, je crois tout ce que croit mon curé. » Il faut avoir le courage de son opinion ; il faut rester catholique ou laisser de côté toute religion , croire tout ou rien. M. de Beauterne a recueilli, dans son livre, les paroles prononcées par Napoléon à Sainte-Hélène dans ses entretiens avec les fidèles serviteurs qui l'entouraient ; voici ce qu'il disait du protestantisme.

« On peut appeler le protestantisme, si l'on veut, la religion de la raison, dénomination bien convenable pour une invention de l'homme.

» Le catholicisme, au contraire, est la religion de la foi, parce qu'il est l'œuvre de Dieu.

» Sans doute nous avons tous du penchant à rapporter tout à l'aune de notre jugement, et à ne croire que ce qui tombe sous nos sens.

» Humainement parlant, je m'arrangerais de faire la Cène en mémoire de Jésus-Christ, plutôt que de manger réellement son corps et de boire son sang, ce qui est difficile à entendre et dur à croire.

» Mais dois-je m'étonner de rencontrer des mystères dans la religion, quand j'en vois partout dans la nature? Moi qui ne conçois rien de la création, qui ignore l'essence des choses, dois-je m'étonner que l'explication même de tant de mystères soit un dogme tout mystérieux? je m'étonnerais plutôt qu'il en fût autrement.

» Oui, la religion est ce qu'elle doit être, eu égard à la grandeur de l'Être-Suprême et à la misère d'une pauvre créature; j'y vois précisément la preuve de la vraie religion. Pourquoi ne pas nier l'azur, parce qu'on ne peut en mesurer ni embrasser l'immensité avec le compas?

» Il n'est que Dieu, il n'est que la foi qui puisse atteindre et résoudre ces hautes questions de la création du monde et de la destinée humaine.

» D'ailleurs, si le protestantisme s'approprie mieux à mon imbécillité humaine, comme roi, comme chef d'un grand empire, je demeure catholique.

» Le Catholicisme est la religion du pouvoir et de la société, comme le protestantisme est la doctrine de la révolte et de l'égoïsme. La religion catholique est une, mère de la paix et de l'union.

» L'hérésie de Luther et de Calvin est une cause éternelle de division, un ferment de haine et d'orgueil, un appel à toutes les passions.

» Le Clergé catholique a présidé à la fondation de la société européenne; ce qu'il y a de meilleur dans la civilisation moderne, les arts, les sciences, la poésie, tout ce dont nous jouissons est son ouvrage. Tous les éléments d'ordre, qui assurent la paix des états, sont encore un de ses bienfaits.

» Au contraire, le protestantisme a signalé sa naissance par la violence, par les guerres civiles. Après avoir détruit l'autorité par un esprit de doute, et par une critique de mauvaise foi, l'hérésie a préparé, par l'affaiblissement de tous les liens sociaux, la ruine de tous les états. L'individu livré à lui-même s'abandonne au scepticisme ; le besoin de croire, de se confier à son semblable, est la base de tous les rapports des hommes entre eux ; on a sapé cette base.

» L'anarchie intellectuelle que nous subissons est une suite de l'anarchie morale, de l'extinction de la foi, et de la négation des principes qui a précédé.

» Bientôt nous subirons les convulsions de l'anarchie matérielle ; quand les riches auront mis tout frein de côté, le peuple se précipitera aussi vers les puissances matérielles. L'Europe est atteint du mal de l'Idéologie, mal incurable, elle en mourra. Les plus belles idées du monde n'ont de valeur que par leur réalisation ; si les idées ne se personnifient, politiquement parlant, ce sont des rêves. Telles sont les idées du journalisme, qui prêche de véritables utopies.

» Si le protestantisme a vraiment, comme on le dit, développé l'esprit industriel, augmenté le bien-être matériel ; ce léger avantage, qu'on pouvait obtenir avec le catholicisme, est largement compensé par toute sorte de maux causés par le libre examen, sans parler de ceux qui sont imminents pour l'avenir.

» Un protestant ne peut pas ne pas mépriser Luther et Calvin, ces violateurs éhontés du second commandement de Dieu ; l'idée de Dieu est inséparable de la foi à la parole. Qu'espérer de bon de ces deux religieux catholiques, déserteurs de leur couvent et de la foi jurée ? Ils étaient liés par les vœux les plus solennels, et qu'obligent le plus étroitement, ceux de la religion : ils y renoncent sans avoir aucune excuse ! Ces deux moines apostats, ignoraient-ils que le serment est la base des sociétés, si bien que Jephté a tué sa fille pour accomplir un vœu imprudent, ce qui est raconté sans blâme dans la Bible ? Ils ont mis de côté le célibat, pour favoriser, pour assouvir leur luxure et celle des princes qui les protégeaient. Sont-ce là des hommes de Dieu ? Un Henri VIII, un Luther, un Calvin, peuvent-ils être des agents, des intermédiaires de la divinité ? D'ailleurs, qu'est devenu le protestantisme primitif ? Les protestants n'en ont rien retenu, que la maxime absurde de ne s'en rapporter qu'à soi sur les matières religieuses. Aussi, de nos jours, les protestants ne s'entendent pas plus entre eux qu'avec nous autres catholiques.

» On compte 70 sectes reconnues, on en compterait 70,000, si l'on consultait chaque protestant sur sa croyance.

» Et comment en serait-il autrement ? Est-il un lien assez fort pour réunir des hommes qui croient plus à eux-mêmes qu'à des règles, à des définitions et à un symbole, qui n'admettent ni base fixe, ni autorité, qui demain peuvent rejeter ou démentir leurs croyances d'aujourd'hui.

» Peut-être on finira par s'entendre avec un schismatique, parce qu'ici la porte n'est pas ouverte à toutes les nouveautés. Il y a une limite à l'erreur. Un schismatique reconnaît invariablement les mêmes dogmes, parce qu'il demeure soumis à une autorité.

» L'empereur Alexandre et moi, nous aurions peut-être rétabli l'unité entre les communions chrétiennes. Nous en avions conçu le projet, cela était possible. Mais ce serait une folie de penser à un rapprochement avec un protestant, qui croit au dogme de son infaillibilité, et à la souveraineté monstrueuse de l'individu.

» Où trouver un point de ralliement avec des sectaires, dont la secte est fondée sur une base aussi mouvante que le droit, pour chaque individu, d'interpréter l'Evangile, suivant les inspirations de sa conscience, sans assujettissement, ni à la tradition, ni à l'autorité.

» Il est vrai que le catholicisme est un océan de mystères ; mais, outre que le protestantisme les admet presque tous, la religion catholique possède des avantages qui me la feront toujours préférer à toute autre. Elle est une, elle n'a jamais varié, et elle ne peut changer. Ce n'est pas la religion de tel homme, mais la vérité des conciles et des papes, qui remonte sans interruption jusqu'à Jésus-Christ, son auteur.

» Elle possède tous les caractères d'une chose naturelle et d'une chose divine ; elle plane au-dessus des passions et des vices ; elle est un soleil qui éclaire notre ame avec mystère et majesté ; elle est infiniment supérieure à notre esprit ; et, malgré cette supériorité, très-appropriée aux plus communes intelligences, sa vertu est une vertu cachée, qui est au dedans de l'homme, comme la sève au dedans des arbres.

» Telle est la religion catholique, qui met l'ordre partout, qui est à la fois un lien social et un lien religieux, qui fortifie le pouvoir, qui prêche à tous l'union

et l'amour, et qui persuade merveilleusement à chacun
son devoir.

» C'est pour cela que je suis chrétien, catholique
romain, parce que mon père l'était, que mon fils l'est
comme moi, et que j'aurais un grand chagrin si mon
petit-fils pouvait ne pas l'être. »

Un jour qu'il était question de Luther et de Calvin,
et spécialement du changement que ces deux héré-
siarques s'étaient permis dans l'interprétation des paroles
sacramentelles de la Cène, Napoléon formula ainsi son
opinion :

« Quelles sont les paroles du Christ ? les voici : Ma
chair est vraiment viande, et mon sang est vraiment
breuvage. Si vous ne mangez ma chair, si vous ne
buvez mon sang, vous n'aurez pas la vie en vous ; et
en prenant du pain : *Ceci est mon corps* ; de même, en
prenant du vin : *Ceci est mon sang !*

» Catholiques et protestants reçoivent également ces
paroles ; comment se fait-il qu'ils les interprètent si
différemment : les catholiques dans le sens littéral, et
les protestants dans le sens figuré ?

» Les protestants veulent que tout ce langage, si
positif, si extraordinaire, qu'ils croient, comme les
catholiques, être la parole de l'homme Dieu, que ce
langage n'aboutisse qu'à cette maigre et chétive signi-
fication : « Ceci représente du pain, ceci représente du
vin. Souvenez-vous de manger cette cène en souvenir
de moi. »

» Voilà, en effet, une explication toute vulgaire et
qui ne présente plus à la raison la moindre difficulté, je
l'accorde ; mais aussi je n'y vois plus rien de ce qui
annonce un Dieu, et la parole efficace de l'Etre-
Suprême ; j'y vois l'invention, le conseil, la pensée et

l'exhortation d'un homme comme moi. Mais pourquoi donc employer des mots remplis d'horreur comme ceux-ci. *Mon corps est viande*, etc., et appuyer sur ces expressions, en développer le sens avec un insistance toute particulière ? Pourquoi des paroles aussi épouvantables pour rendre la pensée la plus simple du monde ?

» Si je crois à la divinité du Christ, c'est à cause du mystère caché dans ces paroles, à cause de l'efficacité qu'il a su y attacher.

» Si le Christ n'a entendu que cette recommandation : Mangez du pain, buvez du vin, en mémoire de moi, et je m'unirai à vous et vous vous unirez en moi ; il n'y a rien là d'un Dieu ; en dissimulant le mystère, vous anéantissez la religion. Qu'est-il besoin d'un Dieu pour faire tout juste ce qu'un homme peut dire et faire ?

» Et cependant les protestants croient à la divinité de Jésus-Christ. Ils croient à l'Evangile, à la sainte Trinité, et à la conception par l'opération du Saint-Esprit. Pourquoi cela ? Ces mystères sont au-dessus de la raison. Il n'y a que quelques mots dans l'Evangile qui les affirment ; pourquoi ne pas les interpréter également avec la raison ? »

XIV. — LA CONFESSION, LE VIATIQUE, LA MORT.

Nous avons cité plusieurs plaintes amères arrachées à l'Empereur par les privations qu'il lui fallait endurer à Sainte-Hélène. Celle qui de toutes lui fut la plus sensible, c'était l'absence d'un prêtre et d'une église catholique. Il en souffrait beaucoup, revenait souvent à cette pensée, et l'exprimait plus particulièrement le dimanche.

« Quelle bonne fortune, messieurs ! si nous pouvions nous résigner et offrir à Dieu nos malheurs et notre captivité ! Tombés de si haut dans une si extrême infortune, supportée en vue de Dieu, ce serait le sujet d'un grand mérite et peut-être notre plus sûre consolation ! »

Le général de Montholon affirme qu'il écrivit une lettre confidentielle au cardinal Fesch, pour le prier de lui envoyer un prêtre, en qui il pourrait placer sa confiance. Cette demande, plusieurs fois réitérée, était restée sans réponse de la part du cabinet anglais. Le général Bertrand chargé de la transmettre avait déjà écrit au cardinal Fesch :

« Nous sentons tous les jours le besoin d'un ministre de notre religion ; vous êtes notre évêque, nous désirons que vous nous envoyiez un Français ou un Italien. Veuillez, dans ce cas, faire choix d'un homme instruit, ayant moins de quarante ans, et qui ne soit pas entêté des principes antigallicans. Le sieur Cipriani, maître d'hôtel de l'Empereur, est décédé le 27 février dernier à Longwood, à 4 heures de l'après-midi. Il a été enterré dans le cimetière protestant ; mais on a eu soin de faire mettre, dans l'extrait mortuaire, qu'il était mort dans le sein de l'Eglise catholique, apostolique et romaine. Le ministre anglican aurait volontiers assisté le mort. Mais celui-ci aurait désiré un prêtre catholique. Comme nous n'en avons pas, il n'a pas paru se soucier d'un ministre d'une autre religion. »

Après des difficultés véritablement étranges de la part de l'Angleterre, le pape reçut enfin son acquiescement, et le cardinal Fesch put choisir un ecclésiastique. Après deux ans de sollicitations constantes émanées spontanément de lui, l'empereur put enfin recevoir les consolations religieuses que l'on avait la barbarie de lui refuser ; il en reçut la nouvelle par ce document officiel du gouverneur.

» Le gouverneur, suivant les instructions reçues du comte Bathurst, un des premiers secrétaires d'Etat de Sa Majesté, a l'honneur de communiquer ce qui suit.

» Que le cardinal Fesch ayant représenté au Pape que le général Bonaparte désirait avoir un prêtre résidant à Longwood, en qui il puisse placer sa confiance, et s'étant adressé au prince régent pour obtenir la permission d'envoyer au général Bonaparte un prêtre de la religion catholique, Son Altesse Royale qui n'avait point trouvé de motif pour rejeter la demande faite par le général Bonaparte, avait consenti à ce que le cardinal Fesch, suivant les désirs du général Bonaparte, choisît un prêtre, et que ce prêtre eût la permission de demeurer à Longwood assujetti aux conditions auxquelles il pourrait être nécessaire de le faire souscrire. De plus, le gouverneur a l'honneur de faire savoir que le comte Bathurst ayant remarqué, dans les dernières dépêches du gouverneur, que le général Bonaparte avait exprimé le désir d'avoir un chirurgien français, d'une réputation connue, établi à Longwood, et d'avoir un cuisinier à qui se fier, Sa Seigneurie avait profité de cette occasion pour faire savoir au cardinal Fesch les désirs du général Bonaparte à ce sujet, lui permettant de choisir les personnes qui devront remplir ces places, et seront assujetties aux mêmes conditions concernant leurs rapports avec les habitants de l'île, et à partir pour Sainte-Hélène avec le prêtre catholique. Le comte Bathurst a ajouté qu'il ne manquerait pas de faire part au gouverneur, le plus tôt possible, du nom des individus choisis pour ces emplois, et du temps de leur départ de l'Angleterre. »

A cette nouvelle, la joie de l'empereur se manifesta de la manière la plus vive. « Enfin ! nous aurons la messe le dimanche ! Revoir la religion, c'est revoir la patrie ! Privés de nos familles, du moins nous en aurons les mœurs ! nous aurons un lien, une communication avec l'Europe, l'union de nos souvenirs. Si nous fondons un autel catholique dans cette île, nous avons le droit d'en être fiers, car nous y arborons l'étendard de la France, et d'une victoire perpétuelle, contre notre ennemi. Oui, la religion va élever une nouvelle barrière entre Plantation - House (résidence d'Hudson-Lowe) et Longwood, entre ces hérétiques et moi. Ces prêtres qui arrivent, ce sont des coreligionnaires, des compatriotes, des frères, un renfort contre l'Angleterre ! »

Au mois de septembre 1819, le docteur Autommarchi arriva avec deux prêtres, l'abbé Buonavita et l'abbé Vignali. Le premier de ces ecclésiastiques était né en Corse, en 1762. Ordonné prêtre en 1776, il fut employé comme chapelain dans la marine espagnole, vécut longtemps au Mexique, et dans différentes parties de l'Amérique. Il fut ensuite chapelain de madame Mère, et de la princesse Borghèse. Nommé protonotaire apostolique, il partit pour Londres, d'où il s'embarqua pour aller à Sainte-Hélène. Le second, Angelo Paolo Vignali, né en 1789, était également Corse, et avait résidé à Rome. Après avoir lu ces détails consignés dans une notice que lui remirent les ecclésiastiques, l'empereur s'adresse avec familiarité à l'abbé Buonavita, lui parle de ses voyages, des dangers qu'il a courus, puis il pense à sa propre famille, et réclame des détails sur les siens.

A tout ce qu'il entend dire de sa mère, il répond :
« Elle m'a toujours aimé : elle a été toute sa vie une
excellente femme, une mère sans égale ; elle a un courage, une force d'ame au-dessus de l'humanité. »

Il s'occupe aussitôt de régler le service de la chapelle,
exigeant la messe pour le lendemain même. Comme on
s'étonnait de cette précipitation, il dit : « Quoi ! messieurs, être privés depuis si longtemps d'un tel bonheur, et ne pas être empressés d'en jouir aussitôt que
nous le pouvons ! »

Il indiqua le lieu convenable et ajouta : « Désormais
nous aurons la messe tous les dimanches, et les jours
de fêtes reconnues par le Concordat ; je veux à Sainte-
Hélène les cérémonies religieuses qu'on célèbre en
France. Ces jours-là on dressera un autel mobile dans
la salle à manger. Vous êtes âgé, souffrant, M. l'abbé;
je choisis l'heure qui vous sera le plus commode. Vous
célèbrerez de neuf à dix heures. »

Ensuite, il dit au docteur Autommarchi : « Je vous
recommande l'abbé Buonavita. Je crains que le cardinal
n'ait envoyé ici ce bon vieillard pour le faire enterrer.
En tout cas, je le recommande à vos bons offices, il
mérite notre bienveillance et notre appui ; c'est un
homme bien respectable. Le pape aussi est un vieillard
excellent, que j'ai toujours bien traité ! »

On célébrait une messe basse, et l'empereur, dès
qu'il entrait dans la chapelle, faisait un signe de croix
très-prononcé, et, s'agenouillant sur un fauteuil, il y
demeurait les mains jointes avec les signes du plus
profond recueillement. Au moment de l'élévation, il
s'inclinait dans l'attitude de l'adoration. Le jeune Montholon et le jeune Bertrand faisaient tour à tour l'office
d'enfant de chœur.

Cependant, tous les signes d'une fin prochaine vinrent effrayer les fidèles compagnons de l'illustre captif. Lui-même la sentait venir et en parlait avec un stoïcisme chrétien. Une comète parut au-dessus de Sainte-Hélène; chacun le pressait d'aller voir ce phénomène. Seul, le général de Montholon ne disait rien. « Vous m'avez compris, vous ! » lui dit l'empereur.

Il perdait l'appétit, devenait livide, n'avait plus la force de monter en voiture ; il se couche en proie à un frisson glacial, et s'écrie : « Ah ! comme je souffre ! je le sens, ma mort ne peut être éloignée. En quel état suis-je tombé ? J'étais si actif, si alerte ! A peine si je puis à présent soulever ma paupière ; je ne suis plus Napoléon ! »

Alors, comme dans sa jeunesse, il aimait à s'isoler dans les ténèbres pour se recueillir, et se livrer à la méditation. L'abbé Buonavita, âgé et infirme, souffrait beaucoup depuis son arrivée à Sainte-Hélène. L'empereur exigea qu'il quittât cette île malsaine et retournât en Europe. Leur séparation fut touchante. Napoléon lui témoigna une tendresse, et une déférence vraiment filiales. Voici ce que raconte le docteur Autommarchi : « L'empereur me dit : « Docteur, accompagnez ce bon vieillard à James Town, rendez-lui tous les soins, donnez-lui tous les conseils qu'exige un si long trajet ! » Quand je fus de retour : « Est-il embarqué? demanda Napoléon. — Oui, sire. — commodément? — Le navire paraît bon. — L'équipage ? — Bien composé. — Tant mieux, je voudrais déjà savoir ce brave ecclésiastique à Rome, et quitte des accidents de la traversée. Sans doute, le pape lui fera bon accueil. Sans moi, où en serait l'Eglise ? »

Quand Napoléon apprit la mort de sa sœur Elisa, par

un subit retour sur lui-même, il dit à son médecin :
« Je n'ai plus ni force ni activité, ni énergie. Je ne suis
plus Napoléon ; vous cherchez en vain à me rendre l'espérance, à rappeler la vie prête à s'éteindre ; vos soins
ne peuvent rien contre la destinée ; elle est immuable.
La première personne de notre famille qui doit suivre
Elisa dans la tombe, est ce grand Napoléon qui végète,
qui plie sous le faix, et qui tient encore l'Europe en
alarmes. »

Enfin, on perdit toute espérance. Le médecin ayant
déclaré la maladie mortelle, le comte de Montholon fut
chargé du funèbre avertissement. L'empereur le reçut
avec une résignation vraiment chrétienne.

Il fit alors quelques changements à son testament qui
commence par ces mots : « *Je meurs dans la religion
catholique, apostolique et romaine.* » Il n'oublia ni le
général Montholon, ni le général Bertrand, ni l'abbé
Vignali.

Arrivé au codicile qui regardait Marie-Louise, une
lutte terrible se livra entre les passions et son devoir
de chrétien. On l'entendit s'écrier : « Être Corse, et
pardonner un tel outrage ! » Puis il ajoutait : « Quoi
donc ! la justice elle-même ne me convie-t-elle pas à la
flétrir !... C'est la mère de mon fils qui reste seule pour
veiller sur ses jours. Eh ! que puis-je d'ailleurs, moi
misérable proscrit, captif, que puis-je contre la fille des
Césars ? Mon anathème ira se perdre dans les airs, ou
retombera sur moi, sur mon fils !... Elle est coupable...
Et moi, suis-je innocent ? Elle a besoin de pardon, et
moi qui vais paraître devant Dieu, n'en ai-je pas
besoin ? »

Enfin, le chrétien l'emporta sur le Corse, et l'empereur écrivit de sa propre main : « Je conserve jusqu'au

dernier moment à ma très-chère épouse Marie-Louise, les plus tendres sentiments ; je la prie de veiller pour garantir mon fils des embûches qui environnent encore son enfance ! »

Le 19 avril, se sentant mieux, il fait un effort, se lève et se met dans son fauteuil. Le général Montholon se réjouit de cette amélioration ; Napoléon sourit doucement et dit : « Vous ne vous trompez pas, mon ami, je vais mieux aujourd'hui, mais je n'en sens pas moins que ma fin approche. Quand je serai mort, chacun de vous aura la douce consolation de retourner en Europe. Vous reverrez vos parents, vos amis ; et moi, je retrouverai mes braves. Oui, continua-t-il en haussant la voix, Kléber, Desaix, Bessières, Duroc, Ney, Murat, Masséna, Berthier, tous viendront à ma rencontre ; ils me parleront de ce que nous avons fait ensemble ; je leur raconterai les derniers événements de ma vie ; ils redeviendront tous fous d'enthousiasme et de gloire ; nous causerons de nos guerres avec les Scipion, les Annibal, les Frédéric ! A moins, ajouta-t-il en riant, qu'on n'ait peur là-bas de voir tant de guerriers ensemble!...»

Nous avons vu que Napoléon avait abandonné la confession à l'École militaire. Depuis lors, il ne l'avait pas reprise. Il opposait aux remontrances de sa conscience des paradoxes tirés de raisons politiques, comme celui-ci : « Un souverain peut-il, doit-il se confesser ? Alors, que devient la question des deux puissances, la spirituelle et la temporelle ? Le souverain, c'est le prêtre ! »

Il répondait aussi à Pie VII : « Je suis trop occupé, Saint-Père, quand je serai plus vieux ! »

A Sainte-Hélène, il disait. « La confession est d'institution divine ; elle est nécessaire ; en se faisant connaître à autrui, nous apprenons à nous connaître : C'est

un supplément, et un auxiliaire admirable de la conscience. La confession est un émétique trop nécessaire à
la pauvre humanité, pour ne pas être l'institution médi-
cale du Dieu réparateur de l'ame. Par la confession, on
s'affermit dans le bien, on connaît à fond le mal, on s'en
sépare, on s'unit à Dieu. Cela est incontestable, mais
la confession est une affaire de confiance, et la confiance est une chose délicate qui ne se commande pas ;
aussi c'est notre droit à tous de pouvoir choisir un confesseur ; et moi, le puis-je ? Qui choisir ? L'abbé Vignali, un jeune homme qui est là toute la journée sous
mes yeux, aussi familier avec moi que l'un de vous ? Il
a de la foi, c'est tout, mais ce n'est pas là ce qu'il me
faut ; il a de l'instruction, mais il n'a ni assez de lumières, ni assez d'expérience pour moi. L'abbé Buonavita,
à la bonne heure ! Voilà un prêtre, un saint vieillard ! »
Puis il ajoutait : « Si l'évêque de Nantes était ici, je me
confesserais sur l'heure. Il eût fait de moi tout ce qu'il
eût voulu. »

Il reconnaissait donc la sainteté et l'efficacité de la
confession. Le moment était venu de conformer ses
actes à sa croyance. Il avait eu déjà plusieurs entretiens
secrets avec l'abbé Vignali. C'est ici le général Montholon qui parle. Nous citons encore un fragment de sa
lettre à M. de Beauterne : « J'avais déjà passé trente-
neuf nuits au chevet du lit de l'empereur sans qu'il eût
voulu permettre même à mon vénérable compagnon de
chaîne, le général Bertrand, de me remplacer dans ce
pieux et filial service, lorsque dans la nuit du 29 au
30 avril, il affecta d'être effrayé de ma fatigue, et m'engagea à faire venir à ma place l'abbé Vignali. L'insistance que mit l'Empereur me prouva qu'il parlait sous
l'empire d'une préoccupation étrangère à la pensée qu'il

m'exprimait. Il me permettait de lui parler comme à mon père, j'osai lui dire ce que je comprenais de son insistance. Il me répondit sans hésiter : « Oui, c'est le prêtre, et non le montagnard Corse que je demande ; veillez à ce qu'on me laisse seul avec lui, et ne dites rien. » J'obéis, et lui amenai immédiatement l'abbé Vignali que je prévins du saint ministère qu'il allait remplir. » L'empereur avait dit autrefois : « Je ne suis pas assez pieux pour communier, mais je le suis trop pour commettre un sacrilége. » Et maintenant, il avait retrouvé toute sa foi des premières années. Quand M. de Montholon parut dans la chambre, vers les quatre heures du matin, l'empereur lui dit avec émotion : « Général, je suis heureux ; j'ai rempli tous mes devoirs, je vous souhaite à votre mort le même bonheur. J'en avais besoin, voyez-vous ; je suis Italien, enfant de classe de la Corse. Le son des cloches m'émeut, la vue d'un prêtre me fait plaisir. Je voulais faire un mystère de tout ceci, mais cela ne convient pas, je dois, je veux rendre gloire à Dieu ; je doute qu'il lui plaise de me rendre la santé, n'importe, donnez vos ordres, général : faites dresser un autel dans la chambre voisine, qu'on y expose le Saint-Sacrement, et qu'on dise les prières des quarante heures. »

Le général allait obéir ; Napoléon l'arrêta. « Non, dit-il, vous avez assez d'ennemis ; comme noble et gentilhomme, on vous imputerait d'avoir tout fait d'après votre tête, quand je n'avais plus la mienne ; demeurez, je veux donner les ordres moi-même. »

Il y a un incident caractéristique qu'il ne faut pas omettre. L'empereur ayant mandé l'abbé Vignali quelques jours auparavant, lui avait dit: « M. l'abbé, savez-vous ce que c'est qu'une chapelle ardente ? — Oui, Sire.

— En avez-vous desservi? — Aucune. — Eh bien ! vous desservirez la mienne.» L'empereur donnait tous les détails nécessaires lorsqu'il fut interrompu par un éclat de rire. C'était le docteur Autommarchi qui s'était oublié d'une façon si scandaleuse. Voici ce qu'il rapporte lui-même. Napoléon, selon lui, lui aurait dit : « Vous êtes un athée, vous êtes médecin ; les médecins ne croient jamais à rien, parce qu'ils ne brassent que de la matière. Je ne suis ni philosophe ni médecin. Je crois à Dieu, je suis chrétien, catholique, romain ; soyez athée, monsieur ; pour moi, je veux remplir tous les devoirs que la religion impose, et recevoir tous les secours qu'elle administre. » Et se tournant vers le prêtre : « M. l'abbé, vous direz la messe tous les jours, et vous continuerez à la dire après ma mort. Vous ne cesserez que lorsque je serai en terre. Aussitôt après que je serai mort, vous poserez un crucifix sur mon cœur ; vous mettrez votre autel à ma tête. Je veux, en outre, que dès à présent vous exposiez tous les jours le Saint-Sacrement, que vous disiez tous les jours les prières des quarante heures ! »

A ce propos, M. Marchant, témoin de la scène, rapporte que les expressions de l'empereur réprimant Autommarchi furent tellement sévères qu'il ne peut les reproduire.

Cependant, le général Bertrand, entrant chez le général Montholon, lui demande avec animation ce que signifie cette chapelle en permanence chez l'empereur, et pourquoi l'abbé Vignali ne cessait d'officier. Le général Montholon répondit que « là-dessus, on pouvait interroger l'Empereur. — Comment cela! puisque c'est de vous que Saint-Denis a reçu ces ordres, de vous seul ! » s'écria le comte Bertrand. Les deux généraux descendirent pour interroger Saint-Denis, qui convint qu'il avait reçu de l'empereur directement l'ordre relatif à l'érection de la chapelle. Alors le comte Bertrand entra chez Napoléon, et crut devoir faire une objection respectueuse « contre des actes aussi solennels, aussi réitérés de religion que la renommée porterait en Europe pour les défigurer, et qu'il regardait comme des exagérations politiquement peu convenables, plus conformes d'ailleurs au caractère d'un religieux qu'à celui d'un vieux soldat son empereur. » Alors Napoléon se leva sur son séant, et, d'une voix animée : « Général, je suis chez moi ! vous n'avez pas d'ordres à donner ici ! vous n'en avez pas à recevoir ; pourquoi donc êtes-vous ici ? est-ce que je me mêle de votre ménage, moi ? » Le général s'inclina et sortit. On reconstruisit l'autel démoli à la hâte, et les ordres de l'Empereur furent fidèlement exécutés. L'auguste malade eut encore, dans les jours qui suivirent, quelques conversations dans lesquelles se révélaient ses sentiments religieux. Il parla des cultes divers, des dissensions religieuses, de l'espoir qu'il avait eu de rapprocher toutes les sectes : « Je n'ai pu l'exécuter, dit-il, les revers sont venus trop tôt ; mais, du moins, j'ai rétabli la religion, c'est un service dont on ne peut calculer les suites ; que deviendraient les hommes sans religion ? Aucun remède ne peut me guérir, mais ma mort sera un baume salutaire pour mes ennemis. J'aurais désiré de revoir ma femme et mon fils, mais que la volonté de Dieu soit faite ! Il n'y a rien de terrible dans la mort, elle a été la compagne de mon oreiller pendant ces trois semaines, et à présent, elle est sur le point de s'emparer de moi pour jamais ! »

Il dit aussi : « Quelle souffrance mes ennemis me font endurer ! Encore, s'ils m'avaient fait fusiller, j'aurais eu la mort d'un soldat. J'ai fait plus d'ingrats qu'Auguste, que ne suis-je comme lui en état de pardonner? »

Le 3 mai, il dit adieu à ses généraux, et prononça cette parole : « Je suis en paix avec le genre humain ! » Ce même jour, il reçut une seconde fois le saint Viatique, qui lui fut administré par l'abbé Vignali. Le surlendemain, tandis qu'il contemplait le buste de son fils qu'il avait fait placer en face de son lit, il joignit les mains, murmura ces mots : « Mon Dieu ! » et il expira. M. de Montholon, qui ne l'a pas quitté pendant sa longue maladie, nous dit que son agonie ne fut celle de personne, que l'expression de sa figure était à la fois sereine et gracieuse.

« Une heure après son dernier soupir, ajoute-t-il, nous le plaçâmes en hâte sur un de ces lits de camp, recouvert du manteau qu'il portait au bivouac de Marengo. Les troupes de la garnison accoururent de tous les points de l'île en grande tenue, mais sans armes, pour défiler devant les dépouilles mortelles du géant que, peu d'heures avant, elles gardaient. Chaque homme s'approcha religieusement du pied du lit, et mit genou à terre. La plupart osèrent apposer leurs lèvres sur un pan du manteau. Sir Hudson-Lowe, dès qu'il eut avis de l'exemple donné par le 20ᵉ régiment qui campait à Dead-Wood sous ses fenêtres, voulut s'y opposer, mais sa rage échoua devant la légalité anglaise. Le colonel lui répondit : « Napoléon est mort, la loi d'exception n'existe plus ; j'ai le droit de faire promener mon régiment comme il me plaît, et je le fais! »

Tous les corps de terre et de mer suivirent cet honorable exemple et l'hommage fut rendu.

Notre tâche est remplie : en nous appuyant sur les

témoignages les plus irrécusables, en parcourant rapidement les phases de la vie de cet homme extraordinaire, nous avons, sans dissimuler ses erreurs et ses faiblesses, démontré, d'une façon évidente, qu'il fut toujours chrétien. Il ne me reste plus qu'un mot à ajouter, qui résume la pensée de tout l'ouvrage : « Si Napoléon fut chrétien, qui donc rougirait de l'être après lui? »

FIN.

TABLE DES CHAPITRES.

—

FIN DE LA TABLE.

Tournai, typ. de H. Casterman

DU MÊME ÉDITEUR :

Récits Historiques et Légendaires

DE LA FRANCE;

Nous avons commencé sous ce titre une collection dans laquelle nous nous proposons de consacrer un ou plusieurs ouvrages, toujours en un volume, à chacune des anciennes provinces françaises. Les faits anciens et récents, les curiosités de tous genres seront décrits aux jeunes lecteurs avec tout le charme du style et l'intérêt du drame, mais surtout on ne s'écartera jamais du vrai. Chaque volume est orné d'un sujet gravé et élégamment broché. — Prix . 60 c.

1. **Voyage en Flandre**; par J.-P. FABER.
2. **Les Amis en vacances**, excursions en Flandre ; par LE MÊME.
3. **Veillées picardes**; par LE MÊME.
4. **Les Bords de la Somme**; par LE MÊME.
5. **Veillées artésiennes**; par LE MÊME.
6. **Un coin de la vieille Picardie**; par DE MARI- COURT.
7. **Un Anglais sur le chemin de fer du Nord** ; par LE MÊME.
8. **Veillées d'Eure-et-Loir**; par la baronne DE CHABANNES.
9. **Excursions dans le département de Seine- et-Oise**; par Mme DE GAULLE.
10. **La Vallée des Cygnes**; par H. VAN LOOY.
11. **La Vendée, paysages, ruines et gloire**; par L. POILLON.
12. **Journal d'un écolier de la Manche**; par la baronne DE CHABANNES.
13. **Touristes du Puy-de-Dôme**; par LA MÊME.
14. **Souvenirs de la Meuse**; par LA MÊME.
15. **Curiosités historiques et monumentales du Poitou**; par L. POILLON.
16. **Notre-Dame de Pitié**; par LE MÊME.
17. **Le Sac aux armes de Bourges**; par Aymé CÉCYL.
18. **L'Ermite de Beausoleil**; par BALECK-LAGARDE.
19. **La Ville des Neiges**, par LE MÊME.

Cette intéressante collection s'enrichit constamment de nouveaux volumes.